Poetry Construction

NO.19

2015年秋季号（总第十九期）

詩建設 Poetry Construction

作家出版社

游离：水墨雕塑系列039　53cmx38cm　2015

诗建設 Poetry Construction 2015年秋季号(总第19期)

目录 contents

开卷

009 西川诗选（3首）
030 朵渔：如何证明你写的诗是诗——反讽，理解西川的一条路径
039 施茂盛诗选（12首）
054 贾鉴：关于施茂盛的"鹅塘"诗及其他

探索

061 哑石诗选（12首）
072 蒋浩诗选（4首）
084 一行：相对性、有机技术与诗的喜剧——读哑石与蒋浩近作

诗选

097 多多诗选（8首）
102 黄灿然诗选（15首）
111 沈苇诗选（8首）
119 庞培诗选（7首）
124 李德武诗选（6首）
128 谷禾诗选（3首）
132 南野诗选（7首）
136 代薇诗选（6首）

140 沈方诗选（6首）
145 李建春诗选（6首）
150 亚楠诗选（5首）
154 李郁葱诗选（6首）
159 金辉诗选（6首）
163 郭建强诗选（6首）
166 马越波诗选（7首）
172 徐立峰诗选（6首）
176 飞廉诗选（7首）

台湾中生代诗人小辑

183 陈黎诗选
190 杨小滨诗选
197 陈育虹诗选
202 陈义芝诗选
211 零雨诗选
217 鹿苹诗选
223 颜艾琳诗选
228 王家新：“教区边沿最后一所房舍透出的灯光”——荐读“台湾中生代诗人小辑”

跨界

235 泉子/管怀宾：“诗歌并不诉诸理性而是诉诸想象”——关于装置艺术与诗的对话

诗学

245 吴投文/张曙光：访谈：诗是少数优秀人的事情
265 冯强：“先锋”作为“情本体”——从雷武铃诗歌看建设中国先锋诗歌的可能

译介

285 阿九译：拉金诗选（12首）
294 阿九：拉金在别处

开卷 Decoil

◎西川

◎施茂盛

西 川

1963年出生于江苏徐州。1985年毕业于北京大学英文系。现执教于北京中央美术学院人文学院。西川自80年代起即投身于全国性的青年诗歌运动。其创作和诗歌理念在当代中国诗歌界影响广泛。出版作品多部。

西川诗选（3首）

醒在南京

天醒的一刻我闭着眼听见雨声呃呃呃是听了半生的雨声并不浪漫
雨声逼近夹杂着孤单的汽车声
汽车走远时雨声亦挪远但不一定是雨声挪远它只是变小
就像一个人的存在不一定消失只是重量变轻

想象雨点儿扑地雨伞和雨衣的风景湿润
静静的脚手架大吊车没有工人爬上爬下爬来爬去的一二三四五六个
工地
店铺小老板寄望在这样的天气卖出雨伞和雨衣

奇怪
乡村的小雨淋在城市的大脑壳上
小雨中的杏花张望着窗畔喝茶的小文人这是我印象里的江南

这是地主秀才和农民的江南配合着书中自有黄金屋加颜如玉的古训
而今小老板和打工者的江南也是江南吗资本家的江南
肯定不是江南因为颜如玉不再投奔书本

怎么没有鸟鸣呢这是清晨的错还是鸟雀的错
不知道我在用盲人的耳朵搜寻吗
北京的鸟鸣开始于清晨四点而此地的鸟鸣几点开始是一个莎士比亚
的问题

或者鸟雀已相约不再啼鸣
孟浩然死去约1300年了他为鸟鸣写下的诗句代替他活了约1300年
对美国人来说这时间够长了对埃及人来说这不算什么

孟浩然习惯于山清水秀的生活可以想见他长得也山清水秀
但无法想象他以何为生诗人又不代表生产力

他偶尔向江水吐露胸中怨气不奇怪
他是否因此卓尔不群于草莽是否凭怨气结交到王维和李白
可王维李白从不互致问候当他们同在长安的时候他们互相瞧不起

大江流日夜啊大江流动在我的床边这样说太夸张了

我改口

大江流动在我南京或金陵或六朝古都的客栈门前
这是客栈或这是旅馆或这是宾馆或这是酒店
对电话里的朋友说这是酒店对自己说这是客栈

有啥不同吗古人只住客栈并在墙上题字
流风入民国方鸿渐将女人按倒在床时发现枕侧墙上题写的云雨
原来是昨日

女人女人秦淮河夜晚虽然依旧挂红灯但妖精的没有那里现在只卖小吃
干净的床铺四个白色的枕头我只用了两个
舒服的肉体舒服的勃起我在着昨天我不在前天我也不在

镜子里一个对称的房间有另一个我与我对称着你是我吗
电视机黑屏左下角小红灯亮着表明它有电像少先队一样时刻准备着
你用我吧
遥控板一按就是媒体的世界

我微睁开一只眼旋又闭上

今天谁死啊谁晒裸照今天哪个地方的工厂会爆炸
今天哪个地方的城管要打人哪个地方的桥梁会垮塌哪个领导会被双规

七点二十分听见鸟鸣了鸟鸣来得忒晚我是身处深涧之中吗

分裂的现实感我内心的鸟鸣早已开始
我从未向人提起我内心的众鸟来自不远处的敬亭山
李白曾见敬亭山众鸟高飞尽但不知这众鸟是来到了我的心间喳喳叫个不停

它们分成十六个派别选择在我心里吵嘴
它们吵嘴时顾不上为旭日而歌唱

而窗外的鸟鸣尽量满足孟浩然的倾听
仿佛窗外的世界不是真正的世界只有出事的世界才是真正的世界
不出事的世界不让人相信它的真实性仿佛它是虚拟鲍德里亚也有说不准的时候

于是有人跳楼被路人伸手接住
伸手救人者被砸成高位截瘫被感动的市民响应报纸号召捐款捐物
而获救者拒绝捐出跳楼前夜的内心纠结
而获救者被惊吓的爹妈以为世界会就此平静

走廊里飘过人声地毯中的细菌将脚步声吃尽

七点二十五分
梦的残渣
小夏说泳池池水太冷所以她上岸穿了件衬衣复入水中
管理员又把她叫上岸来说不许穿衬衣下水如果觉得太冷可以穿三件泳衣

七点二十七分
梦的残渣
小冯听见有人敲门便问谁呀门外人粗声回答是我这究竟是坏人还是好人

小冯再问什么事呀门外的粗声回答是不一定

梦中事算不算往事呢
梦中事若不算往事为何往事总向梦中事看齐

听见厕所冲下水的声音我活着别人也活着
污水处理厂就近建在长江边上也许管百分之三十的用

但把尿直接撒到长江里的事我不干就像孟子吃肉而远庖厨
是有点儿虚伪是文明的必要的虚伪
如能躺在床上眺望长江我会虚伪而快乐地大声感谢合法的生活和非法的生活

客栈门外长江夜晚定有中华鲟游过但这是什么鱼呢
这么隆重的名字这么俗气的名字是谁给起的名字这是濒危物种吗
大熊猫何不叫中华熊

长江上的运沙船吃水很深油漆斑驳没有一艘是新的
迎着水面敞开奶子的女人前面抱后面抱都是女人的女人没有一位是难看的

杜十娘怒沉百宝箱
两岸俗丽的花朵没有一朵为此而绽放那些快活的灯火没有一盏为此而熄灭

滔滔江水东去也

去年我曾到此一游曾从建错了风格的阅江楼眺望大江
我假设我是龚贤一望大江开
我本假设我是高启登上雨花台眺望大江来从万山中但没能得逞

江水改了道从雨花台望不到明代的大江了

从我的床铺也望不到大江这意味着我不是康熙我也望不见天下
既望不见广州的人山人海也望不见重庆的人山人海

只好自认匹夫一个却又无干兴亡

读报读网络新闻关心天下大事顶个屁用啊读小说而已
我的小学老师中学老师害我不浅哪他们把我训练成一个旁观者
一棵旁观的桃树或李树连开花也不必了

城里的梧桐树被放倒了地产商在市政府里有朋友
我若当选下届市长我将把那些民国时代的梧桐树植回原处但无此可能

所以我不和他们交朋友
我不喝酒我爸也不喝酒我爷爷也不喝酒

所以我能在七点三十分顺利地睁开双眼我幽暗的大脑就透进了光亮
我望着天花板它虽有欧洲的豪华风格却是石膏做的

那石膏峻岭似的财富巍峨到吓人可算个屁呀
昨天掉在我头上的三张小馅饼算个屁呀小小的声誉算个屁呀
工程师们的成就感来得太容易了工艺美术大师们的成就感来得更容易

假装不俗其实很俗的趣味算个屁呀中等才华算个屁呀但已经不容易了
但算个屁呀

权与势在韩非子看来顶顶重要可在庄子看来算个屁呀

清醒的大脑嗡嗡叫了灵魂也醒了

历史分可被理解的部分和不可被理解的部分哪部分更强大
精细的品味在一个粗糙的时代该怎样传播
传播精细的品味等于传播亡国的种子这可以北宋为例土豪们不吃这一套

哦不能明说的不满和不肯说出的抱怨

该下床洗个澡了睡乱的头发让人以为我夜夜噩梦其实不是
肚子上的肉该收一收了睡醒的口腔该被刷一下了

韩愈写落齿诗应在五十岁以前

七点三十五分谁给我上发条好让我关心一下我自己
昨晚不会关的灯只好让它亮到现在我确实关闭了所有的开关

昨晚的宴会余音还在
两个喝高到又搂又抱的男人两条被酒精加宽了的舌头
一个说我刚去过法兰克福看我的皮包另一个说我刚去过巴黎看我的皮鞋

他们说的是自助游哇跑一趟欧洲九天十国
孔夫子周游列国要能有这样的速度2500年前的天下就能免于礼崩乐坏
而跑步穿过欧洲说明欧洲没什么好看的
或者说明他们真真来自后发达国家只能玩得这么辛苦

还不如好好待在江南天天眺望大江
从不同的角度
康熙到来的时候一定兴师动众

端午将近
端午在任何国家都没有意义只在江南有意义而江南就是我床下这块土地
这也是吴地但也是楚地吗
我在楚国有朋友我在吴国没有朋友我在江南倒也有朋友而此刻我一个人

路漫漫其修远兮路边的客栈一家一家何其多也一直排到天尽头

我撩开被子下地双脚认进一次性纸拖鞋

深呼吸

站稳

2013.7.14—11.21

潘家园旧货市场玄思录

美丽的**假**古董是美丽的吗？美丽的**假人**倒可以是美丽的但那是假人。
假人荒着**灵魂**。即使假人人山人海也聚不来山海一般的灵魂！
那么**美丽**是可以自灵魂抽身的吗？

那么垃圾般的**真**古董果真是**垃圾**吗？
认出那垃圾**价值**的人一口咬定那就是垃圾嗯那就是垃圾：
他貌似不在乎才有可能付出一个**垃圾价**。

以垃圾价买一把战国削刀能气死战国刮削竹木简的青铜人。
以今日**存在感**回望战国青铜人，他们全都老实巴交陌生于**全球化的大世面**。
他们怎么就成了**伟人**呢？不解。

战国终了在公元前221年。
青铜物件晚于晋灭吴的280年就已没啥意思。

2000多年前的真古董比200年前的真古董**更是**真古董吗？
20年前假造的古董到今日还是**造假**吗？
“日方中方睨”，惠子说。
你在嘈杂的**市场**提问一串**玄学**问题不觉得**可耻**吗？

你敢说惠子也是可耻的人吗？
他沉浸于玄学提问不仅在嘈杂的市场上，
也在他为相十五年的魏国宫廷中，也在他二十场败仗之后的**旷野**中。

那么3000年前的真古董是否由于**太真**而显得**不真**呢？
那么4000年前的禹王也不真吗？
顾颉刚**疑古**是对的吗？
即使尧舜禹**三代圣王**是真的也不能证明**地摊**上码放的垃圾货来自彼时。

潘家园上空的每朵云彩都该与彼时的云彩略有**相似**。

…… …… …… ……

啊造假者得有多高的学问方能造假？
盗墓贼得有多大的胆子才敢与古人鼻子碰鼻子在地下借着火把或手电光？

但你以为我不辨东西的真假吗？
你以为我的智力有问题吗？即使我的智力有问题我的道德感也没有问题。

骗子与道德模范脸盘相似，他们合称“人类”。
而区分骗子与道德模范恐非易事。

骗子无意做此区分，道德模范无暇做此区分；
像热锅上的蚂蚁非做区分不可的　乃是既非骗子亦非道德模范的人：

亦即介乎骗子与道德模范之间的人，
亦即推动世界运转的半神、关心下一代健康成长的半人，
亦即80年代初既已闲逛土堆上的潘家园鬼市且一直闹嚷至今天的半鬼。

而他们是真人还是假人呢？

假人也有要求影子跟随的权利亦即申请身份证的权利。
而多少身份证持有者其实是假人。

更困难的问题附体于嘈杂的市场：
那亦真亦假或半真半假之人是否可以要求亦假亦真或半假半真之人的权利？
这不是饶舌或玄思，
因为半真半假的物件无情毁坏了济慈或席勒的“真、善、美”。

那理解亦真亦假的曹雪芹啊玄思的曹雪芹，
也不懂半真半假的物质、道德和政治的世界。
他从未触碰过半真半假的物件吗？至少他从未到过潘家园。

半真半假的人追求半真半假的幸福，
谈半真半假的恋爱，对着半真半假的古董发呆；对正义的要求也是半真半假。

他们在半真半假的世界上**玩出**亦真亦假的感觉可谓**境界**！

…… …… …… ……

星期六或星期天，他们来到潘家园，遛弯，淘宝，梦想**捡漏**；
遇到假人、真人，遇到鬼魂、神明，
遇到半真半假的自己，吓一跳，又**假装**没看见。

> 潘家园旧货市场位于北京东三环南路潘家园桥西南，占地4.85万平方米。主营古旧物品、珠宝玉石、工艺品、收藏品、装饰品，年成交额达数十亿元。市场拥有4000余家经营商户，经商人员近万人，其中60%的经营者来自北京以外的28个省、市、自治区，涉及汉、回、满、苗、侗、维、藏、蒙、朝鲜等十几个民族。
>
> ——百度百科

潘家园，1200个时代堆起来的垃圾山。
1200万个**梦想家**将这垃圾山摊开在**三代圣王**的天空下。

来了官员又像老板，来了教授又像鲜有进步的老学生，
来了**游手好闲**之徒与**执法犯法**的警察称兄道弟，
来了网上开店的人，以及不开店的貔貅它们真假货**通吃**而**不拉屎**。

只买假古董的人你不知他们是真**笨蛋**还是**另有用意**……

潘家园令**三代圣王**的天空**晕眩**。

唉**鱼龙混杂**之地何者为鱼何者为龙？
鱼乐得变龙，**龙**乐得变鱼吗？
倒推的**理性**说：凡不考虑变鱼的那一定是龙了。是龙便张牙舞爪或睡眼惺忪。

睡眼惺忪的**人**也来了。
他见识过一个**真真假假**的世界，疲倦了，退出了树大招风、树倒猢狲散的**江湖**。

当他重新露面潘家园，身上快乐的小虫子即时复活。
他见到老相识，到公共厕所撒一泡旧尿，
遇到坑骗过的人，坦然，
遇到收地摊费的管理员说：嘿嘿，我已洗手不干。

…… …… …… ……

交易之地。这商鞅反对的交易之地，也是毛主席反对的交易之地。
以往昔，以毛主席做交易这是潘家园。
以假往昔做交易，这是毛主席身后混合经济时代的潘家园。

假古董也是劳动成果，成本免不了，但以假古董售人那是不道德的。
而真古董多为盗墓所得，但那也是不道德的。
整个潘家园就是一个不道德的地方。它为何迷人？

近朱者赤，在市场保安乡巴佬懒洋洋地变成文物专家之后
那斯文的老专家就只好斯文扫地被蒙骗。
对不起，潘家园也是一个骗人的地方。

潘家园也是虚张声势的法律睁只眼闭只眼的地方。
对不道德的假古董法律点头放行。
假古董虽令购买者郁闷，但那毕竟不取人命也没让国家吃亏。

这也是长知识的地方，长对的知识和不对的知识。

这也是有钱人偶尔光顾的地方。
所有摊贩心照不宣地等待那不露声色的有钱人。
最好是傻傻的有钱人。戈多也是个傻瓜。

这也是被管理的地方。广播喇叭里管理员例行公事奉劝顾客别上当。
但哪有进潘家园不上当的？
听摊贩们习惯性的赌咒发誓此起彼伏在潘家园你感觉你活在珍贵的人间。

这也是城市与乡村、乡村与外国、现在与古代、现在与现在结合的地方。
所以它不是现在，不是古代，不是外国，不是乡村，也不是城市。

…… …… …… ……

活在珍贵的人间你就得相信：正派人永远是多数！

小贩们来了，盗墓销赃者、骗子和小偷也来了；三轮车卸下无用的东西：

99.9%的假古董与0.1%的真垃圾比赛谁更能卖出好价钱。
只有潘家园的价钱是心灵的价钱或心情的价钱。

从红河石斧到文革袖标，6000年比邻而居。
6000年能够比邻而居乃是由于对6000年的想象能够比邻而居，
社会主义市场经济的大工地吞吐6000年简直小菜一碟。

五湖四海的人为了售假销赃来到潘家园。
五湖四海造假的乡亲们、盗墓的乡亲们笑嘻嘻地致富，
然后在无墓可盗之后过有道德的生活同时售假。

遮阳伞下摊贩们聊到别人挣的钱时笑嘻嘻，好像那是自己的钱，
说到别人娶的媳妇时笑嘻嘻，好像那是自己娶的媳妇。

其实每一个人都梦想着“诗意的栖居”。

“诗意的栖居”需借助感悟人生的陈词滥调，
正是符合道德的陈词滥调。
然而符合道德的陈词滥调有可能是害人的。

你看，售假者只收真钱为了“诗意的栖居”。
假钱有可能数在真货贩子之手，因为玩假钱的也在追求“诗意的栖居”。

他们从未听说过海德格尔就像海德格尔从未听说过潘家园。

玩假钱的若真想买到假古董那他一定是个真**圣人**。

…… …… …… ……

来自三门峡的老苏几乎是个圣人：垃圾价卖垃圾货赢得好名声。
他挣钱有限必然愤愤不平更无暇**幽默**；
他已是100次宣布他要卖假了，并非因卖假更道德些。

别人卖假过**滋润的日子**促使他一步步挪到道德的边缘。

“这啥世道啊！假的就是美的就是好的就一定是招人爱的**你妈个屄！**”

他已是101次宣布他要卖假了。
站在道德的边缘他没看见银盆大脸的**神明**就站在身边。

他时常消失，不知他消失时是否越过了道德的**边界**。
消失时他也许是个假人，
神明再把他捉住**变**回真人**扭送**回潘家园。

不停地说话，老苏累了，停三秒，待天地、岁月**涌现**，他继续说：
“这唐代铜簪子一百块钱你要不要？
我媳妇**民办教师**挣两百块钱一个月你小子还**嫌贵**？”

老苏**眼红**而聒噪好像**沉默**会使他飞离这世界。
在他看来世界即**人群**，而不在人群之中那是可怕的。
不得已**一个人**走路，一个人喝酒，一个人唱歌那是**可怕**的。

要不停地说话。
鸟儿们也在不停地说话所以并不高飞；有谁听到过鸟儿在高天喋喋不休？
风也在说话，不过有时**停下**。

…… …… …… ……

无法熄灭的往古。
“油炸鬼”作假。或将老玉件煮于沸水30分钟使之还阳。
仿佛**阴间**是可以**自由**往来的地方。

唐代不远，汉代也不远，战国人全都**站了起来**。
看见了孟子和荀子，看见了刘安、刘向、刘歆和刘义庆。
“刘向传经心事违。”
刘歆助王莽篡改《左传》**影响至今**。

潘家园人见多识广，包括对鬼魂的见识，但说**鬼**者寥寥，
害怕一旦说出便说出了**自己**。

鬼魂不作假，但也可以自称是假的吗？
鬼魂是假的那**人民币**是假的吗？

卖珠子的女人说我真遇到过鬼啊。那鬼，高个子，来到我家门口，头比门框还高哪，进不来或者不愿进。是他想吓唬我或者给我提个醒。我去**庙**里烧了七七四十九天香。把他的东西还给**天地**。他不再来了。

干宝《搜神记》卷二十载阮瞻素执无鬼论，有客造访聊谈名理，甚有辩才。及鬼神之事，客屈于阮瞻，乃作色曰：“即仆便是鬼！”须臾消灭。阮瞻默然，意色大恶。岁余病死。

但潘家园也是**蔑视**死亡的地方，
也是**无神论者**没啥高深题目却高谈阔论的地方，
也是**有神论者**祈求**神明**原谅的地方。

佛、**菩萨**、**基督**、**天使**、**土地爷**、**财神爷**、**关公**、**文曲星**漫步在潘家园。
他们的木像石像铜像或坐或立在遮阳伞下**不吭一声**。

他们听到陕西小贩说“我不挣小钱”所以要价350万售卖盗墓所得的西周盨。
他们听见天津小贩赌咒发誓：“这当然是老玛瑙不是玻璃哒；要玻璃哒我吃啦！”

…… …… …… ……

倒腾假货的人把自己倒腾成假人，
倒腾死人物件的人倒腾到自己的**死**。

死前他要求用**真药**这是人之常情，死前他面对**万事空**这是普通智力可以达到的。

他最后眺望一眼**星空**在他进入那星空之前，
好像，据说，置身于星空的人只能回望**地球**，看不到其他星星。

他的**恐惧**是千真万确的。眺望星空他的**崇高感**也是千真万确的。
崇高感总是来得**太晚**直到**勾销**真假的**未来**忽然露面。

在古代，死者惧怕盗墓贼：尤其**奉天承运**的帝王惧怕盗墓贼。
而今盗墓贼惧怕公安局，公安局惧怕**国家主席**。
国家主席在别的国家就是总统，
在古代就是**皇帝**。

当主席和当总统和当皇帝是一样的**感觉**吗？
你去问袁世凯或者拿破仑。

过去未来你去问**算命先生**，福祸寿夭你去问**和尚**、**道士**，
升官发财你去问**气功大师**，爱情涨落你去问**知心姐姐**，

对挣钱的**执着**不妨碍对**佛**的执着，而佛，无所执着。
你就别问了！你且住嘴。

…… …… …… ……

潘家园的风吹着潘家园的古今众身影。
《史记·伯夷列传》即使被茶叶水熏黄那也是天地间的大文章。

潘家园的司马迁不怕茶叶水。

但司马迁的寂寞就是五伯、七雄的寂寞：
就是古战场和帝王陵墓的寂寞、当今乌烟瘴气的市场的寂寞。

曾经，寂寞的清东陵来了孙殿英的土匪兵。
炸药包炸开地宫后土匪兵扣出了慈禧太后嘴里的夜明珠。
然后群山依旧寂寞、旷野依旧寂寞。百虫争鸣，军阀混战在中国的大地上。

而在1800年前。曹操的大军不允许马踩庄稼；
他招能纳士不问德行，对古墓也绝不放过。
他向死人要军饷拿下半个中国，但也只拿下半个中国。嘿嘿。

得罪了太多的死人他死前下令薄葬。
1800年后其墓葬被发掘时墓室里值钱的只有玛瑙珠一颗。
墓在河南安阳西高穴。真墓？假墓？还是他人之墓？

河南省政府给它挂牌保护以便开发旅游。
收音机里的《三国演义》评书至今没有停播过，即使说评书的业已作古。

真与假，寂寞的物件。
半真半假的物件同样享受寂寞的风雨、日光和星光。

而偶见人骨和兽骨的旷野，还有大音希声的群山　乃是寂寞本身。

2014.1.27–2.4 春节的鞭炮声

开花

你若要开花就按照我的节奏来
一秒钟闭眼两秒钟呼吸三秒钟静默然后开出来

开花就是解放开花就是革命
一个宇宙的诞生不始于一次爆炸而始于一次花开

你若快乐就在清晨开呀开出隐着血管的花朵

你若忧愁就开放于傍晚因为落日鼓励放松和走神

或者就在忧愁里开放苦中作乐
就在沮丧和恐惧和胆怯里开放见缝插针

心有余悸时逆势开放你就释放出了你对另一个你的狂想

而假如你已开过花且不止一朵
你就退回青涩重新开放按照我的节奏来

我以滴水的节奏为节奏
因为水滴碰水滴这是江河的源头

再过分一点儿再过分一点儿水滴和水滴就能碰出汪洋大海

你得相信大海有一颗蓝色的心脏那庞大的花朵啊伟大的花朵

所以我命令你开花就是请求你开花
我低声下气地劝你

若你让我跪下我就跪下哪怕你是棵狗尾巴草

开出一朵梨花倘若你脖颈凉爽
开出一朵桃花倘若你后背因温暖的阳光而发痒

但倘若你犹豫
倘若你犹豫该不该开花那就听我的听我的先探出一个花瓣来

然后探出两瓣然后探出四瓣

三瓣五瓣是大自然的几何

但你若愿意你就探出五十瓣五十万瓣这就叫盛开

而倘若你羞于盛开
你就躲在墙根里开放吧
开放到冰心奶奶告别她文艺青年多愁善感的小情调

而倘若你胆小
你就躲到篱笆后面开放吧
让陶渊明爷爷看到你就看到今天被狂人暴发户炸碎的南山

蚯蚓在等待

连苍蝇都变得更绿了更符合大地的想象了
连五音不全的燕子都歌唱了这使得王侯将相也有了心情不错的时候

他们在心情不错的时候也愿意珍惜他人的小命
甚至承认自己的命也是小命

而我要你开花
就是要你在心情糟糕的时候牢记小命也是命啊也是自然也是道

开花
用你的根茎发动大地深处的泉水

在你和你的邻居闹别扭之后
在你和你的大叔小姨拍桌子瞪眼突然无所适从的时候

你就开花换个活法

老二老三老四脱了鞋子他们准备跳舞
老五老六老七眼冒金星他们准备号叫

开呀

尽管俗气地来吧尽管下流地来
按照我的节奏来你就会开出喜悦的花朵

有了喜悦你便不至只能截取诗意中最温和的部分
你便不至躲避你命中的大光亮

开花就是在深刻的静默之后开口说话呀呀说给另一朵深刻的花

不满意的人以为世界是个聋子
你扯嗓子谩骂不如开花
而开花就是让聋子和瞎子听见和看见

并且学习沉醉

开出野蛮的花开出让人受不了的花
开得邪门没道理没逻辑

像一百万平方公里的沙漠上大雨倾盆而下

开得异想天开倘若连天都开了那绝对是为了让你
恣意地开放

开到狂喜呀从死亡的山谷从废弃的村庄
从城市的地缝从中心广场

中心广场上全是人哪
中心广场附近的胡同里全是沉默的牛羊

你去晚霞里逮一头羊吧分享它的好心肠
你去垃圾堆上逮一头猪吧摸摸它跳动的心脏

三千头猪个个鬃插花朵看谁敢把它们赶向屠宰场
九千只羊跳下山崖因为领头羊想死在山崖下面的花床上

开花呀孔子对颜回说
开花呀梁山伯对祝英台说

在三月在五月在雾霾的北京石家庄太原开封和洛阳
开花呀欧阳江河对他的新女友说

开出豹子盘卧树荫的姿态
开出老虎游荡于玻璃水泥和钢铁之林的大感想

开花是冒险的游戏
是幸福找到身体的开口黑暗的地下水找到出路

大狗小狗在二百五十个村庄里齐声吠叫就是你开花的时候

你开放
你就是勇敢的花朵勇敢在无聊打斗和奔窜里
你就是大慈大悲的花朵大慈大悲在房倒屋塌的灾难里

若石头不让你开放你就砸开它吧
它心房里定有小花一朵

若绳索不让你开放你就染红它吧
直到它僵硬然后绷断

你开呀你狠狠地开呀你轰隆隆地开

你开放我就坐起来站起来跳起来飞起来
我摇铃打鼓我大声喘气你也可以不按我的节奏来

你开到高空我就架张梯子扑上去

若你开得太高我就造架飞机飞上去

我要朗读你的呓语
我要见证你的乳头开花肚脐也开花脚趾也开花

我要闻到甚至吞噬你浩瀚的芳魂

我要跟你一起喊：幸福

是工地上汗毛孔的幸福集市上臭脚丫子的幸福
抽搐的瑟瑟发抖的幸福不幸福也幸福的他妈的大汗淋漓的幸福

所以你必须开花迎着我的絮叨

开一朵不够开三千朵
开三千朵不够开十万八千朵

开遍三千大千世界
将那些拒绝开花的畜生吊起来抽打

开花

当蚂蚁运送着甜就像风运送着种子
当高天行云运送着万吨大水就像黑暗中的猫头鹰运送着沉睡

群星望着你你也望着它们
你看不过来它们的闪烁就像它们看不过来你的丰盛

星宿一上修电脑的少年说开花
星宿二上骑鸵鸟的少年说开花

你听到了

月亮的背面有人开灯
哈雷彗星上有人噼啪鼓掌

开灯的人在乱七八糟的抽屉里找到他的万花筒
鼓掌的人一直鼓掌直到望见太空里灿烂旋转的曼陀罗

而你在花蕊的中央继续开呀
就像有人从头顶再生出一颗头颅

但倘若你犹豫
倘若你犹豫该不该开花那就听我的听我的先探出一个花瓣来

然后探出两瓣然后探出四瓣

三瓣五瓣是大自然的几何

但你若愿意你就探出五十瓣五十万瓣这就叫盛开

你就傻傻地开呀
你就大大咧咧地开呀开出你的奇迹来

2014.6.3

如何证明你写的诗是诗

——反讽，理解西川的一条路径

朵 渔

某年冬季，在北京今日美术馆的一个活动上，我正在远处的咖啡座与朋友聊天，突然从朗诵现场传来一阵痛快淋漓的京骂，赶过去一看，是西川在朗诵他的《轶事（之一）》：

你他妈什么意思呀？你丫把我当他妈什么人啦！我像个小偷吗？我×你妈！我这眼镜是小偷戴的吗？我这手腕上的战国鸡骨白玉手串是你妈小偷戴的吗？你丫瞎了眼了我×你妈的傻×！管他妈闲事你也瞅准了再说！×！什么女人哪！……

以西川浑厚的京腔京调，佐之以专业的音响系统，一种在市井小民间才得一闻的捶床村骂，被措置到挂满当代艺术品的高雅空间，其震惊效果应该不言而喻。然而现场听众（大多是受邀而来的诗人、艺术家）除了报之以即刻的热烈回应，并没有人觉得受到了冒犯。仿佛是大家在共同参与一项表演，剧情已了然于心，掌声是唯一合适的道具。每个人都成了演员，舞台是一个封闭的空间，但每个演员的心目中又都有自己想象的观众，只是那些观众是缺席的。只有那些缺席的观众才能营造真正的震惊效果，但演员们既邀请又拒斥观众——演员想要得到的并非一种震惊效果，因为“震惊”只是作品的背景效果，因此，他们就虚拟一个观众，与他们一起在内心完成一次表演。

西川并非那种表演性很强的诗人（请中性地理解“表演”这个词，表演的意思是：一个艺术家/诗人如何处理他本人与他的作品之间的关系），相对于那些将自己的私密生活暴露于观众面前，并以一种大于作品的表演性风格向观众发出邀请的诗人，西川是那种将私密与公开、邀约与拒斥结合得非常好的诗人。他幽默风趣，有一种文本的亲和力。但他又通过一种隐秘的身份/

智力的精英化、非民主化，将自己与读者设置在一个相对安全的距离上。他的身份设置也很微妙，既处身当代艺术的核心圈，又谦恭而谨慎地将其设置为一种光晕，只以诗人面目呈现，仿佛在用一种非常复杂的方式化繁为简。在被"先锋"唤醒并带来诸多怀疑姿态的当代诗中，他又以其睥睨式的、全球化的宽阔视野、智性的光辉和工匠式的精湛手艺，为遭到怀疑的当代诗带来庆祝时刻。他是一位"现象级"的诗人，总能给人带来意外和阅读期待，但又很难用一个什么样的概念来概括他，他本质上是反规范、反对被归纳的。这也是他一直吸引我的原因——他魅力独具，充满挑战，值得信赖。

在借助批判的、灾异的、否定的现代性工具攻克传统的固有堡垒后，完成现代转型的当代诗歌也正在遭受怀疑论的反身攻击。如何来判断一首诗的优劣？除了神秘的行业/江湖规则，一个诗人如何自证其价值？如何证明你写的诗是诗？仿佛一切都无法自证了，传统的基础消失了，诗歌甚至连艺术领域的可交换性价值（以金钱获取身份）都不具备。面对一首诗，读者们不再是将自己置身其中，全情地投入进去，以期获得精神的愉悦和灵魂的满足，而是置身其外，将其放入某个批评框架中去面对它，质疑它，评判它。读者不是变得更聪明了，更挑剔了，而是开始向诗人要求分权了。他在欣赏一部作品时，首先想到的是，如果我是这部作品的作者会如何如何。但他又无法真正与作品合二为一，他无法真正参与创造，也就无法分享其荣光。正如康德所言，艺术作品正是那些"你全面了解之后还是无法做到"的东西。于是唯有撤身出来，将其异己化，站在一个评判者的位置上去审视它。"对现代人来说，艺术作品不再是神性具体的显现，既不会引发心灵的狂喜，也不会带来灵魂的震颤。艺术品只是提供了一个特殊的场合，供他实践他的批评趣味。这一有关艺术的判断就算并不比艺术本身更有价值，也至少满足了一种同等重要的需求。"（阿甘本《没有内容的人》）这也正应了洛特雷阿蒙的那句话："对诗歌的判断比诗歌本身更有价值。"当一个读者撤出作品本身去评判它时，一种否定的审美趣味就会启用，批评就变成了一种"精妙复杂的否定神学"（阿甘本）。他的参与感愈强烈，作品对他的排斥感就愈强。他越是试图用自己的眼光、趣味包围作品，作品越远离他。一个诗人，在读者甲眼中堪称大师，在读者乙看来也许一钱不值。这其中的差异端赖评判者笼罩在神秘直观中的艺术品味，以及，如布鲁姆所言的，那些不可期的未来的陌生者的"仁心善意"。

"品味"（taste），这个略显神秘的字眼，原是用来辨别食物的好坏，与每个人的味蕾有关，其本身即是一个过于个人化的模糊概念，但它却被作为一个审美判断的标准在使用。诗人不是厨子，他不会单纯作为生产者的角色接受众食客的评判。有时他还会故意忤逆读者的口味，以宣示主体的自由和主权。在前现代艺术史上，迎合某种公众口味被认为是理所当然的，比如枢机主教朱利奥•德•美第奇（后来的教皇克莱芒七世）在西斯廷教堂天顶壁画事宜上事事插嘴，而米开朗基罗却不以为忤，还对其品味赞赏有加。品味的诞生不同于传统的教养文化，纯粹的教养文化教会读者从作品里发现“作为他者的自己”，而品味文化则造成了一种断裂：他与作者不再是一种共谋关系，而是竞争关系。他不再是追求简单的欣赏、享受与摄取，而是评判。诗人不会甘于做一个被评判者，当他发现面对挑剔的品味无论如何都无法做一个完美的教化者时，他会转而“主张自由意志的艺术原理”，让它“高高盘旋于内容之上”，甚至不惜做一个“没有内容的人”。阿甘本说：“面对趣味越来越精巧、存在感却越来越稀薄的观众，艺术家则慢慢移向越来越自由而稀薄的大气层，这场远行将使他们脱离社会活生生的肌体组织，进入美学这块极北的无人地带。”如此一来，“写什么”不再重要，重要的是让诗歌变成一种绝对自由，让它“在自身内部的深渊所造成的眩晕中衡量自身”，以避开读者基于品味之上的评判。当审美评判与自由创造分裂之后，两者也在各自的方向上寻找自身依据。前者将作品带回以“美术馆剧场”为典型隐喻的“理想空间”，后者则不断地将自身的深渊挖得更深，最终飞翔在一片空气稀薄的“纯粹艺术空间”。前者最终得到了以异化形式现身的自己，而诗人在得到自我风格的同时也成为“自己毁灭自己的神”，作品最初的统一性就被打碎了。试想，如果将西川那次“破口大骂”的朗诵移出美术馆，会是一种什么效果？

不与读者的阅读期待合作，这是西川摆脱自己广受好评的早期写作风格的手段之一。然而吊诡的是，诗人真正不愿与其合作的，是那些没品味的人，或者说那些欣赏平庸之美的人。正如奥尔特加•加塞特所说，平庸的心智尽管知道自己是平庸的，却理直气壮地要求着平庸的权利，并将其强加于自己触角所及的一切地方。但“中等才华算个屁呀”，西川暗中期待的，是那些能够找准作品里那个“美点”的人。诗人内心想要征服的，是很少一部分同行、权威或前辈的“强力诗人”，这样的人虽然挑剔，但诗人愿意与之猫与鼠般的较劲或惺惺相惜。如果不在诗人的期待之内，即便得到再多读者的认可，也不会为他带来真正的满足和自信。因此，诗人会有意识地背叛大多数读者，进而挑战那“无限的少数人”。这种较量或挑衅带来的结果往往是诗人将众所周知的“好品味”引入一种人迹罕至的“坏品味”境地。“正如知性越过某条界线以后，反过来需要愚蠢一样，我们似乎也可以说，好品味超出一定程度以后，就再也无法离开坏品味的支撑。”阿甘本认为好品味这种倒向自身对立面的神秘倾向是一种"好品味天生就带有的倾向"，我觉得更像是一种有意识的对斥。诗人通常不希望被人看透，更不希望在品味上与平庸的读者一致，但他喜欢在误读的意义上寻找知音。西川后来几乎是在恶狠狠地、充满快感地写一种"不像诗的诗"，一种有意为之的"坏品味"。他有时甚至有一种调戏读者的快意，而对他充满期待的读者也通常能从他的调戏中获取一种被虐的快感。在与读者对斥共舞的过程中，他也将一种高寒的个人品味建立起来。

兰波在《地狱一季》里对"坏品味"有一个纲领式的宣言：

我喜欢愚蠢的画、门上的镶板、舞台上的布景、街头艺人的招牌、旅馆广告牌、低俗插花；过时的文学、教堂的拉丁语、满篇错别字的黄色小说、奶奶们喜欢的文学书、童话、儿童读物、老歌剧、弱智歌曲和粗糙的旋律。

这个"坏品味"清单与西川的资料库有诸多重合之处，在《潘家园旧货市场玄思录》里，就储存着他的大量"坏品味"道具（尤其是诗中的黑体字部分，差不多是诗人的炫耀式展览）。市井、玄学、谶纬、碎片、寓言、梦境、伪历史、假道学……他以精湛的手艺、貌似严谨的逻辑和蒙太奇式的只言片语，将这些旁门左道组织成一首首充满顿悟与格言的诗。要想将这些充满自毁倾向的"坏品味"意象变得俯首帖耳，形成一种新型的充满挑战风格的"好品味"，不得不佩服西川有一种强大的吸收、综合与平衡能力。比如他貌似格言的思辨与反诘，他的思辨往往以反诘结束，并用自我反诘让一个貌似无理的逻辑在他自身那里打个死结，让你很难找到他的把柄或漏洞；他语言的滑动与絮叨，如滑板鞋"摩擦摩擦似魔鬼的步伐"，虽体量巨大、填充物庞杂，风格杂烩交响，整首诗却能在貌似絮叨与饶舌中一气呵成；还有他如词语接龙般的"假逻辑"、"拟格言"（一句格言，如果倒过来说也成立，就是假格言）。这些修辞策略不仅貌似谦卑地挑战着诗歌的文体边界，更以此建立起一种朝向虚无的、以其自身为对象的却又让自己立于不败之地的反讽风格。说西川是一位风格的大师，也不为过，他处理自身的混乱并将之上升为一种完美形式的能力超强。

理查德•罗蒂认为一个典型的反讽主义者一般具备三个条件：1.他对自己目前所使用的终极语汇——每个人都随身携带着一组语词，来为他的行动、信念和生命提供理据，来向朋友献上赞美，向敌人表达谴责，来表达自己的期望，陈述自己的人生故事，此即一个人的"终极语汇"——抱着彻底的、持续的质疑；2.他知道以他现有的语汇所构作出来的论证，既无法支持亦无法消解这些质疑；3. 当他对他的处境做哲学思考时，他不认为他的语汇比其他语汇更接近实有。此时，如果他想继续表达、思考、讲述，他就必须更新自己的终极语汇，换一种方式来讲述。一个反讽主义者，就是通过不断的再描述，来尽可能地创造那个最佳自我的人。反讽主义者总是不停地将他继承而来的语汇与他自己创造的终极语汇加以对照，非如此就“无法活下去”。反讽意味着艺术必须成为其自身的对象，用罗蒂的话说，反讽主义者“必须有东西来加以怀疑，必须有东西让他疏离”。（罗蒂《偶然、反讽与团结》）西川甚至有一种跳出诗歌之外来写诗的雄心，以便让自己看着自己写作，成为自己的“异己者”。而他的反讽策略就是一边建立一个常识（反讽的反面），一边再滑向其对立面，并与其自身玩自我解体的游戏。例如：

大江流日夜啊大江流动在我的床边这样说太夸张了
我改口

以及：

假装不俗其实很俗的趣味算个屁呀中等才华算个屁呀但已经不容易了
但算个屁呀

通过这样的自我否定与无止尽的多重分裂，诗人主体像泥鳅一样滑脱了。他留下了什么？他留下了一种新的再描述风格（品味），以及，一堆属于他自己的终极语汇。这也符合柯勒律治为所有伟大的原创性诗人所提的建议：创造自己的品味。一个反讽主义者的完美人生，就是在他人生就要结束的时候，他确切地知道——“至少他的最后一个终极语汇扎扎实实是他自己的”（罗蒂）。

读西川的诗，能真确地感受到，他写出了很多格言警句，读者却无法从他那里得到多少道德教诲，也无法把握其意识的本质；他诗里的柴米油盐、人间烟火是呈漂浮状的，他的目的不是提供教诲，而是通过再描述来重新安排这些习见的微不足道的日常事物。“今天谁死啊谁晒裸照今天哪个地方的工厂会爆炸/今天哪个地方的城管要打人哪个地方的桥梁会垮塌哪个领导会被双规”，这样的句子在他的诗中只起一种调节作用，像随手撒的一把芥末，调料或节拍器而已，无涉客观现实。反讽主义者信奉一个信条：“凡是只能在入世情怀方面，而无法在风格方面提供教诲的作家，都无法获得不朽。”什么是好的风格/品味，他不信任任何人，甚至有意跟他们对着干，他要做自己的裁判。他对自己的跟风者或后辈通常态度冷淡，“祝你们好运”，因为他知道永无可能有最佳的自我，永无可能有“正确的”描绘，被跟风实属必然，当然也是枉然。但有意思的是，西川虽懒得做读者的道德顾问，他却总是能在观念和意义上呈现出智性的迷人魅力。这缘于他的博学多识，见多识广，他虽不提供完整的、连贯的意义，却能够让人得到警醒：任何整一的观念都是陷阱，不要陷入某一偏执的终极语汇里无法自拔。

很难从一个反讽主义者的再描述中找到具有真正严肃性的肯定的意义。反讽主义者拥有无限的否定潜能，并通过这种无尽的分裂试图提升他自己。反讽主义者也不认为存在一个客观的真理或意义，真理不是“在那里”的，而是被创造的。“再描述”本身并非发现事物本质的工具，而是创造一种新的语汇，新的隐喻。如果说提供意义（哲学）是“发现”的隐喻，再描述（诗）则是“自我创造”的隐喻。诗人的价值在于提供一种新的说法，而说法——一个前提共识：“世界不说话，只有我们说话”——本身即是一种本质创造。尼采有一个极端的观念：无法成为一个诗人，就等于无法成为一个人，因为他只能接受别人对自己的描述，一种绝对的无个性。

反讽主义者不注重提供普遍性观念或意义，而是注重创造个人风格，他无法忍受自己不是自我创造的完美作品。反讽主义者不仅经常在自己的作品里与自己对质，还经常跳出作品来端详它、质疑它。但作品永远无法彻底异化自身，做一个异质的他者，就像我们没有能力走出我们的语言。如此，诗人和他的作品之间就永远存在一种纠缠不清的纠葛。这种纠葛也存在于作品与现实的关系上。当客观现实变成反讽主义者新风格、新隐喻的牺牲品，诗歌与现实世界的联系变得越来越不牢固，越来越虚无。诗歌不再提供真理或意义，只提供风格/品味，如果一种品味过于陈旧或遭到否弃（也就是罗蒂所说的隐喻的本义化），反讽主义者的反驳方式无非是更新自己的描述方式和隐喻系统。因此，不要向一个反讽主义者要求意义和本质，那无异于从单纯的形式里挖掘内容。在提供意义和对艺术本质的认识上，反讽主义者的确是乐观的虚无主义者——“面对人类，两者在命运到达极端时都体现为‘无’”。

说西川是乐观的反讽主义者，是因为他从不忧郁，他在一种繁复的反讽与自我消解中，建构起一种嬉皮笑脸的乐观。但又不同于单线条的波普方式，与本雅明所说的“忧郁的左派”也不同。左派的忧郁在于他会沉迷于所痛失之物中无法自拔，在一种“想象中的丧失”里无能挣脱。他也不卸去所承负的负担，而是自恋式地享受这一刻。当哀伤与绝望成为一种稳固的处境，就会因此而失去“当下这一刻”（本雅明）。西川既不是哀悼，也非忧郁，而是以戏谑、悖论的方式，将泥沙俱下的对象物作为“异质的他者”，自身撤出（消解）的同时，建构起一个混沌、庞杂、充满纠结与丰富可能性的文本废墟。在整个《潘家园旧货市场玄思录》中，他几乎是在以喜剧的方式庆祝一个“物的世界”的丧失（神的消隐），与一个嘉年华般的“虚假社会”（众神隐没于笑声中）的来临：

这也是被管理的地方。广播喇叭里管理员例行公事奉劝顾客别上当。

但哪有进潘家园不上当的？

听摊贩们习惯性的赌咒发誓此起彼伏在潘家园你感觉你活在珍贵的人间。

从红河石斧到文革袖标，6000年比邻而居。
6000年能够比邻而居乃是由于对6000年的想象能够比邻而居，
社会主义市场经济的大工地吞吐6000年简直小菜一碟。

面对只有上帝才能够恢复其完整性的破碎的世界，西川没有沉溺在那已然逝去的“物的世界”，（与他相比，海子似乎更接近忧郁）而是采用一种戏拟的方式，从恋物癖般的保守主义中撤出来。而一旦撤出，面对的又将是一个逻辑四处碰壁、处处遭到怀疑的现实，虚无便成为必然的归宿。《醒在南京》干脆让自己沉入半梦半醒之间，以一种梦呓般的情景剧来对抗忧郁的沉溺，全诗结束时，他才“撩开被子下地双脚认进一次性纸拖鞋/深呼吸/站稳”。当所有形象都遭到怀疑的时候，当虚无主义的黄昏已然降临的时刻，想在清醒中站稳已是不易，诗歌又能庆祝什么？也只能庆祝其自身的风格/品味了——它是我的，我说了算，而至于黑暗的巨兽们（公众）是否喜欢，答案只在那门牙闪光或心存善意的一刻。

真与假，寂寞的物件。
半真半假的物件同样享受寂寞的风雨、日光和星光。

而偶见人骨和兽骨的旷野，还有大音希声的群山 乃是寂寞本身。

西川的这种“撤出”姿态，也将自己与时代的关系放入一种“断裂和瓦解”之中。这是一种恰到好处的距离，“恰恰是通过这种断裂和时代错误，他们能够比其他人更好地感知和理解自身的时代”（阿甘本）。这也正应和了尼采对“不合时宜”者的定义。只有这种适当的撤出，才让他既不依附于时代，又保持适当的距离，从而完成“对时代的凝视”。也只有真正的“同时代人”，才能感受到那种“人骨和兽骨的旷野，还有大音希声的群山”般的大寂寞，表达出我们的根本处境。

韩东说西川是他们那一代的“集大成者”，无论从意识、观念、手艺和行为，西川当得起这一评价。反讽主义者乐于做一个集大成者，乐于收集一切旧事物，尝试在一切旧的手法上翻新花样。他明确知道自己要什么——他的任务是使一切陈旧的事物/手法焕然一新，为此他百无禁忌，他说：“状态好时，胡说八道都是诗。”对于一个反讽主义者，状态好坏不重要，重要的是，诗人有胡说八道的权利。这不仅仅基于“品味的倒错”机制，更是一种将自己逼入死角的艺术追求。兰波为了清除自己身上的冗余，追求最极端的诗意，干脆放弃了写诗，但他的沉默和放弃行为却与他的作品一道，成为“兰波传奇”的一部分。正如布朗肖所说，兰波的名声可以分为“他写过的诗和他不曾屈尊完成的诗”两部分。西川的“胡说八道”也是他那些杰出修辞的一部分，包括天生的好品味以及那倒错的一部分。他以反讽的姿态，建立起自身对一切内容的绝对权威，就像在美术馆中破口大骂——他不仅无辜而且可爱，美术馆那充满恩宠与神秘光晕的理想空间，也为诗人赦免了一切道德坏疽。

2015.5

施茂盛

1968年5月生，复旦大学中文系（师范专业）毕业。上世纪80年代开始诗歌写作，曾获1988—1989年度《上海文学》诗歌奖、2012年《诗探索》中国年度诗人奖。有诗集《在包围、缅怀和恍然隔世中》（2005年复旦大学出版社）、《婆娑记》（2013年上海文艺出版社）、《一切得以重写》（2014年上海文艺出版社）。长居崇明岛。

施茂盛诗选（12首）

本体论

木樨高出檐角的冠顶，在垮掉的香气里。
天边，鸟鸣锈迹斑斑；湖面紧绷，柳枝崩溃。
他们试图恢复原形，抱住滴滴答答的身体。
世界因此骤然停顿，仿佛陷入本体论。
多么新鲜的本体论呵，似有可无般时时眷顾。

2014.10

边境线上

在漫长的边境线，我们足足走了三天三夜。
穿过潮湿闷热的丛林，穿过一大片半枯的沼泽地，
来到这块幽谷深处的坡地。落暮下，
我们驻足，远眺那即将沉入冥暗的世界。

侧旁陡峭的山崖伸出巨大的穹顶，
倒映出我们徘徊不前的身影。
仿佛三座锈迹斑斑的铁锚，焊住淡漠的乌云。
我们发现，静谧似绕身的煦风，已是如此触手可及。

而我们却太过疲惫，各自头枕肮脏不堪的挎包，
躺身一小块草坡，嚼着随手摘来的草茎，
直至满嘴流出汁液。不远处，一群秋鹳在
灌木丛畔踟蹰，像几多乡愁进入宽阔的画面。

我们：我、瑞恩和肖，三位南方军下等兵，
沿着漫长的边境线，足足走了三天三夜。
我们身上都有一个死者，我们带着他们回家。
回到那星子高坠的故乡，炊烟下的麒麟镇。

炊烟下的麒麟镇，教堂安详、高耸，
却让每一位爱它的人不知所措。
我看见母亲牵着我家小羊羔，在石凳上默诵祷告。
聚集钟楼的鹧鸪，每一只都有个温暖的名字。

雨开始骤然而下。松脆的岩壁上
雨珠发出“嗞嗞”的声音。
我们酣然入睡；又在这“嗞嗞”雨声中惊觉醒来，
仿佛重新置身最近的一次战事。

我、瑞恩和肖，三位南方军下等兵，在漆黑的
边境线上，继续前进。雨仍在稀松地下着，
天上的星辰也都浇灭了。而我们，曾在它们的指引下
一路向南，沿途用凌霄花插满我们冰冷的枪管。

夜色里，瑞恩和肖轻轻唱着：“你不需要死去。
如若死去，你也死得其所。”我听见母亲也在如此祷告。
而这是瑞恩和肖的母亲写给他们信中的祝福。
他们俩是一对孪生兄弟，是我麒麟镇从小的玩伴。

2014.6

博尔赫斯症

1988年，我还在一所乡村中学教书。
在校图书馆隔壁的旧书仓库里，我发现一本
博尔赫斯的短篇小说集（上海译文出版社1983年版，王央乐译）。
第一次读到这位大师的文字，我满脑子的困惑。

那时候，我还难以相信时间是循环的，
空间就像镜子一样是反复的，而镜子像人类可以无限繁殖的。
对于一个二十出头的毛头小伙来说，
生活的激情令我感到这个世界是不可复加的。

随后几年，它一直躺在我书堆的最后一层。
那个年代，我也读过不少书，比如庄子，比如尼采。
比如纳粹的庞德，和自我娱乐的爱因斯坦与霍金。
但从未有哪一本书、哪一个人，让我如此困惑。

直至有一天，与一帮故友相聚，我多喝了几杯，
东倒西歪地往回赶路。突然看见，眼前的时间在弯曲；
而宇宙犹如扁平的容器，把我熟悉的
街道、人群、树林、河流、公园一一吞噬。

那时候，我已在这个小镇生活了多年。
有一份不错的文职工作（我不知道用“不错”这个词
是否妥帖），人至中年，女儿刚考入大学。
仿佛这是我应该心安理得的一个角色。

但我仍时时感到这安逸里的困惑。
确切地说是一种烦恼，一种不合时宜的孤独。
我曾尝试通过读书来寻找到它的源头，
然而，这些，不是味同嚼蜡，就是令我越加失望。

有一天，我做了一个梦，梦见自己在
一棵无花果树下做梦。梦中一位老者交给我一枚金币，

让我去另一座城市，告诉我，我的财富就埋在
这座城市的一棵无花果树下。

我星夜兼程，找到了这座城市、这棵无花果树。
我开始挖我的财富。我的举动很快便引来了无数围观者。
他们以为我不是傻子，就是一个精神病患者。
其中一位中年人问：兄弟，你挖什么呢？

我把缘由告诉了他。他哈哈大笑，说：
我与你一样做过同一个梦，梦见在你出发的
那棵无花果树下，埋着宝藏。但我从未相信过这件事。
所以兄弟，回去吧，别把时间浪费在这上面了。

我回到了我出发的那棵无花果树下。我梦见我从
树下挖到了一袋的金币。梦醒后，我突然想起
类似的经历我曾在博尔赫斯的那本短篇小说集中读到过。
是的，就是那篇《两个人做梦的故事》。

所以，当我那天突然看见眼前的时间在弯曲，
宇宙犹如扁平的容器把我所熟悉的一切一一吞噬，
我明白，很多年前博尔赫斯已经写到了我现在的生活。
只是不知是他梦到的，还是从一面镜子中反复观察到的？

他写到我现在所有的困惑、烦恼、不合时宜的孤独，
是无法减轻的。它们循环反复，无限繁殖着。
唯有比之更困惑、更烦恼、更不合时宜地孤独，
我才能获得眷顾，看见世界在虚空中找到落地的重心。

2014.2

跛足之神笼罩

在某个角落，在我的身外，
我一直感受到有一个事实存在。它比孤独

还大而椭圆。在它
的穹顶，有跛足之神笼罩。

每天，我从破烂的晨曦里感知它
喷薄的轮廓。仿佛某个夜晚，我从常去的小酒馆回来；
在路上，我吸完一根烟，
忽然看见眼前显现的灵魂的形状。

那个夜晚我们谈论了些什么？
记得有人姗姗来迟。
他赶到时，我刚刚讲完跛足之神的话题；
而他是因为去郊外赏鱼。

他说：五月的郊外，
堤岸刷得煞白。
两旁的防护林吐出一座座荫翳；
荫翳里，居住着跛足之神。

他说：我急于要从一群逆水的锦鲤
认出去年陌上相遇的一尾。
陌上，跛足之神笼罩着。
因此看上去，天上疾走的乌云远比沟渠里的倒影仁厚。

是的。从小酒馆回来的路上，
我忽然看见身体内被月亮照出的倒影。
我必须忍受它犹如
忍受跛足之神日日笼罩。

但，为何不是天使而是跛足之神
在日日笼罩着我们，
让我们在破烂的晨曦里
看见灵魂的轮廓喷薄而出？

我曾写过一首诗，试着用孤独
寻找答案。但它远比孤独还大而椭圆，

仿佛只是为了不可触及而事实上
它早已被它凌厉的倒影洞穿。

譬如我们郊外赏鱼，其实触及我们的
是去年陌上相遇的一尾。
是随它而来的天上疾走的乌云，
和沟渠里不断加固的倒影。

我几乎被这个事实所湮灭，
但又异常清醒。
每天我们在为跛足之神眷顾；
每天又携带倒影，独向破烂的晨曦觅诗意。

2013.5

鹅塘札记（1）

鹅在池塘里咳嗽，天气开始变坏。
出水的鲑鱼咬住波澜。垂钓者
在寂寥里啁啾，身子泛出蝴蝶斑。

天外隐藏着闷雷，雨水也是假的。
常有逝者飘过：这可疑的人哪，
哪里是他的尽头，哪里有他的边界？

荷叶吻合了新月的胸廓。从这个
高度，午夜有回旋的结构，树梢漏下
发烫的星子，寂静接近晕眩。

一条小径，稀疏地撒落几颗鸟粪。
鸟群倦伏。离此三公里，疲惫的白虎
喑然，在稠黏的呼吸里融化。

逝者尽管飘过。暴露在他身体外的
拥抱的姿势，披覆在鹅塘湖面。
时间愈不像它了，塌陷的宇宙也是。

感觉蓬松的鱼线传来痉挛。
一株陆生植物的臀部开始收拢，
在所谓的歉意淤泥般包裹雀舌的彼夜。

有人似乎天生就是为了传播美名。
但我真的看见卵石沾满古老的
冷意：一把斧斤，抵近蓄势的鹅塘。

2014.9

鹅塘札记（2）

四月的鹅塘，已是我全部的家当。
鹈鹕水葫芦般浮肿，鹳弟弟般瘦。
它们额外的惆怅，加重着湖面的幽绿，
令浮萍在颤栗的幽绿中积怨。
如果此时仍在想念，你也不必寄我旧信。
四月的鹅塘，新草吐着象牙，灌木结着琥珀，
分泌糖的桂树有着怀孕的味道。
而我，只是那潮汐醒来的一部分。

2014.9

鹅塘札记（3）

傍晚的鹅塘，蓖麻的根须会深入哪里？
最好与掀开树冠的苦楝不同，与疯狂的石榴不同。
最好鹦鹉能拧紧喉舌，

鸊鷉来不及在我们书信里出现。
沿途散开一排蜂箱，公蜂在交媾，咬住母蜂金贵的刺；
花田鼠嘀咕：一天的搬运不会那么简单就结束吧？

最好没人看见豹纹斑蝴蝶蜕变的甘苦。
有没有这种蝴蝶没关系。总之有人因此看见了自己的痕迹。
草丛间，蟋蟀披寒衣；
棚架上的秋丝瓜浑身凋枯。
有些消息不便寄你，却偏已泄露。
隔着鹅塘，一堆篝火映照着废弃的煤气厂。

时日并非想象的那么闲暇，念想也不一定倾诉。
最好钟表的嘀嗒声像露珠般圆满。
变凉的天气里，一只螺蛳
咬住玉蚌的肚脐，吮吸，保持安慰肉体的
欲望的形状。潮汐漫过，从这里开始，鹅塘散发厨房的气味。
而我们谈论的灵魂也没那么多锁孔。

分明仍有片刻的遗忘，才使我安逸、富足。
在鹅塘，言谈、举止都允许退化。
在鹅塘，梦是公认的秘密，遐思可以染上夜空侧漏的星光。
我写下问候的话，你推开柴扉。
最好你已步行了七里，还遇见过落霞。
最好晚餐还未开始，重建的塔楼下蟾蜍纷纷跃出。

2014.9

鹅塘札记（4）

为你写首鹅塘诗。
没有鹅，塘也是小水塘，
蜻蜓跨两步就能过。

去年养的狗开始恋爱了。
斑鸠常来饮水，
地壁虎满身铁锈味。

豌豆锁住了棚架。
藤萝往上试探，
触摸到晨光的小建筑。

柿树结宇宙一样的果。
酿额外的甜
给它巧克力的肉。

爬进钟表内瞌睡的松鼠，
又爬到树梢醒悟：
当年的小辫养着蝴蝶。

还不够这些词享用？
那好吧，添上蛇的腹语，
另有雨水的啼鸣。

然后，我可以赞颂了。
极少数人可以这样，
一天的凌乱那么有章法。

2014.9

鹧鸪记

夜晚，修道院高耸的十字架迎来最后一只鹧鸪，
它占据的是耶稣曾日日守候的那个位置。

它开始观察而我
陷入沉思，或者迷茫。

围绕庭院里百草丛中一口废掉的水缸，
鱼儿仿佛被它缺损的部分激活了。

它在湍流中站立。而鹪鹩
几乎就是我们所见的无可嘴辩之物。

像这些披毡下只露出惊恐的双眼的修士，
他们才热衷于幻觉深处最曼妙的政治。

而我，我们，正长出新的阴霾以引出长嘘，
唤醒那些形成我们身体的梦和现实。

它椭圆的身体依附在十字架上。
作为观察者，它被深深地锁在缄默里。

忍不住有一两声啼鸣，修道院为之一颤，
十字架上饱学的耶稣为之一颤。

远处，它看见漫长的边境线上有人向晨曦走去。
一扇宽门自他身后闭上。似启示，永无尽头。

2014.11

蝼蚁十二章

01
似乎你单单为死亡而来。
单单为，死亡而生。

在穷人家的灶台上，
你碰了下
死亡的须，又倏地缩回。

02

你把自己捉进一座壳中。
躲在这借来的壳中，
每日一款小曲。
唱：小碗里豆腐撒了几抹葱，
青是青来，白是白。

03

你唱穷人家的
一日三餐。
赴死的身子蘸着月光。

那么，这赴死里
有几多旧的欢愉？

04

你唱：

“每日吞食悲苦，
却未必如愿。”

“每日披着笼子，
却未必是真笼子。”

“嗯，太蹊跷。”

05

而我叼来这颗不大不小的死亡。
不知它究竟是你碗口的何物？
离你与死神的对饮，又有多远？

06

你叫蝼蚁。偶有怨气的蝼蚁。
在穷人家销蚀的烛火里
你等佛陀用你的身子度众生。

07
今晚你在烛火里披肝沥胆，
谁也看不见你。看见了
也认不出你。
除非你在风口自毁了自己。

08
你是溢出死亡外的，
但你原本藏于其中。

你在胃中，养痉挛。
你在肺中，藏颤栗。

09
这俯拾即是的死亡
离死亡的碗口不远。

像鹤的隐喻
与它的嘴唇。

10
而你还记着为我承担部分不死的死亡，
并且不再与
自毁的自己争辩。

11
多么新鲜，煮熟了仍有腥气。

12
我索性将煮熟的身子
叼在口中，在
月光下剥自己的壳。

我剥出一颗肥硕的死亡
我用它的嘴唱你的歌：

“再剥，便有醒来。但醒来
又有几多旧的欢愉，
在一日三餐的牢狱里？”

2013.7

你好，春天

这些睡着的阳光，是花叶初绽的妩媚。
湖面上，倒映的天空在清波里零乱。
仅有的一朵云朵幻变百态，有时像奔跑的灵犀，
有时又更像它自已。在盛大的爱的
吹拂下，正一点点移向岸边空置的秋千。

我曾在秘密的记忆里读到过它。它说：
你好，春天——仿佛有一对新人，在我耳畔念叨。
他们刚刚还在玻璃花房内热吻，哈着热气。
现在，与世界一起赢得了短暂的昏眩。
而去年的熏风，似乎仍在它的朦胧里。

有无限扩展的韵律从密林四处向这里聚拢，
仿佛“潺潺”与“涓涓”终于汇成了新的诗篇。
旷野内蜜蜂嗡然一片，它们稠黏的
视网膜上，群山鹅黄层染，一直铺至天际。
——呵，这沸腾的人间突然有了消隐的迹象。

那么，一只光滑的鹅因此会藏身何处？
在时光里。在暗影里。在另一只鹅的瞬间回眸里。
茂密的草径上，它已看不见自己了。
但它再不需要长出更多静谧的耳朵，
凭着天性，它觉知那温暖的初潮正袭来。

这便是我们乐此不疲的原因。仿佛我们失去
音信，却依然信赖着眼前这些纤细的风团。

即使它们曾令这座偏安的公园破绽百出，
但在夜色披覆下，我看见那些更加纤细的植物，
蜷曲身子潜伏进来，并且迅速占据空出的位置。

而午后，公园的草坪旁来了几辆崭新的婴儿车。
年轻的母亲们聚在一起，开始热烈地
谈论天气。在她们不久刚刚掏空的身体内，
似乎还有更多生命在孕育，随时献出。就像长凳上
那位陷入遐思的诗人，即将献出他忠诚的诗句。

她们经过他的身旁。而他正写下第一行诗。
她们从秋千上，把自己滑向半空。半空，
她们看见自己的少女时代悬滞在弧顶。
然后下滑，一点点向下滑，在他的喃喃自语里停住。
她们听见他在喃喃自语。他说：你好，春天！

2014.7

是的，冬天。

冬天开始塌陷，树木和溪流也随之收紧。
有人因此喜欢上了政治，在餐桌上与人起着争执。
屋外，雪落向枯藤棚架，却填不满一只鸟巢。
世界就像一个典故，将一切隐含其中。
那么，他说的究竟是康德，还是黑格尔？

但是，偏偏有人相信捕风捉影的美学，
以为他的使命，或因这遍地的枯萎终于完成。
而我的意见是，所有应得的荣耀，
皆来自同一颗孤独的心灵没日没夜的劳作。
仿佛一次旅行，猛然结束于风景最为灿烂的时辰。

我是他们中的任何一个，是他们合而为一的
那个。在火炉旁，我们探讨灵魂的艺术史比之语言

孰短孰长。终使这时代有破绽，
我们仍会摸着慌张的脚趾，吐出幻觉。
在冬天，我们焦虑，但含而不露，像一只鹳。

是的，冬天。人间变得可以任意涂抹，
仿佛已非神所缔造。从街衢寂寥的人群中，
我们一眼认出时间给予他一生赞誉的那位死者。
如果下一刻他将成为诗人，他会看见自己精进的技艺，
时时充满着微妙的敌意，以及委顿。

寒夜降临，我们的话题也摸索到了新的边界，
并且很快将被证实：缪斯已在绷紧的
忧思中胜出。桂冠上，她看见命运赐予她的饱满形象。
我们熟悉的命运大抵如此，有人
如愿以偿，而有人却常常止步于自己的失察。

冬天开始塌陷，随之收紧的树木和溪流
将伸出拘谨的手，探测雪在半空融化的速度。
我们隐隐有些发呆，似乎因为局促的生活而有所期待。
可惜，我们没有滚烫的雄心，
把中年主题炼成哲学都禁忌的诗句。

当然，有时候我们也会过于迷恋——
我们为这个冬天准备好风暴，风暴口还准备好
椅子，有扶手的椅子。我们坐在椅子上
继续探讨。这回，我们讲的是生死。人世间
最难的，莫过于辩认我们每天经历的是生还是死。

2014.8

关于施茂盛的“鹅塘”诗及其他

贾 鉴

就汉语现代诗近三十年的历程来看，上世纪80年代只是诗歌重新争取合法性的十年（当然不是诋毁个别诗人的诗歌写作成就），而90年代以后才真正出现了较成熟的对诗歌现代形态的实践。80年代诗歌的精神气质更像是一个诗歌浪漫主义（广义的而非特定历史范畴的）时代的产物，即便其时的诗歌话语缀满了现代主义的词语和观点（口号），最终也常常转化在一种关乎强度和密度的审美狂热中，或者说，它过于夸大了现代主义的运动的一面，这也与当时的某种政治想象有关。90年代诗歌转变中尽管值得商榷的地方不少，但它对现代诗观念和技艺的专注，正在为现代汉语诗歌贡献一种有关耐心的品格。在文学领域，耐心是一种更高级的运动。这样说不是为了辨别哪种现代诗更正宗，而是为阅读和评判诗歌提供一种必要的提示。在此背景下，即使某些被视为具有古典气质的当代诗人，也会在其写作中表现出敏锐的现代风格意识。比如施茂盛诗中所谓的“佛性情怀”，就其诗歌经验的性质，以及观察和处理经验的方法来看，都反映出诗人持有自觉的诗歌现代性立场。施茂盛在近作《鹅塘札记（1）》中写道：

鹅在池塘里咳嗽，天气开始变坏。
出水的鲑鱼咬住波澜。垂钓者

在寂寥里啁啾，身子泛出蝴蝶斑。

天外隐藏着闷雷，雨水也是假的。
常有逝者飘过：这可疑的人哪，
哪里是他的尽头，哪里有他的边界？

荷叶吻合了新月的胸廓。从这个
高度，午夜有回旋的结构，树梢漏下
发烫的星子，寂静接近晕眩。

在诗歌第一节非常平稳的陈述句中，事物的形态却显现出怪诞的一面：“鹅”在咳嗽，“垂钓者”拥有禽鸟的声音和蝴蝶的斑纹。自然借用人的词语，人也转化在动植物的形象中。比拟修辞在此达成的不是精神分析法的在事物中窥到幻象，也不是存在论意义的命运变形；而是事物在想象和意识层面的跨界生成。这正是现代诗所追求的对事物（或者说，对事物在思想运作中的可能性）的解释和分析能力。诗中事物虽然保持着具体可感性，但诗歌目的并非为了呈现和塑造它们。这些事物也不同于意象概念通常拥有的那种让特定事物跃出事物体系承担某种指代或象征功能。对于现代诗，事物首先是作为文本性的痕迹存在着，它的虚构性大于它的本真性。这样，第二节开头的“雨水也是假的”和“这可疑的人哪”就可以理解了。这种文本性也体现在《边境线上》和《博尔赫斯症》等诗中。前者不仅故事的整体格调像某些战争电影，其中一句“不远处，一群秋鹳在/灌木丛畔踟蹰，像几多乡愁进入宽阔的画面”。“画面”一词揭示了诗中故事的间接性，这正如《博尔赫斯症》中写的，“很多年前博尔赫斯已经写到了我现在的生活”。事物和经验的虚构性并不说明现代诗人缺乏经验或处理经验的能力，而应理解为现代诗为自己确立的一种带有吊诡性的抱负：它要在历史的全部赐予和负担下，在已写下的和未写下的之间寻找表达空间，这使它从一开始就不得不学会在陈词中辩驳出新方向；也因此，诗歌中事物和经验的意义不只体现于它们作为纯粹审美对象的独特性，更体现于它们作为诗歌质料恰当地说出了诗的这一抱负（或困境）的能力。

现代诗的肌理尤其清晰地表现在它处理自然主题的方式中。波德莱尔早就说过在繁盛的自然中有着某种厚颜无耻和令人悲痛的东西。“自然”的衰落，缘于围绕它发展出的美学和道德规范遭遇到“现代感性”的强烈冲击，臧棣在《绝不自然：我这样理解诗》一文中也说：“对诗歌而言，自然也是一种非常古怪的道德。它所具有的道德优势很可能是一个陷阱。”由此，现代诗中的自然通常要经受某种反讽形式的审度。例如秋鹳踟蹰在灌木丛“像几多乡愁进入宽阔的画面”，“乡愁”是传统自然美学最核心的情感概念之一，当它被束缚在银幕般“宽阔的画面”中时，“乡愁”变成了装饰性符号。这也是“乡愁”对于现代诗的另一重意味：自然之于现代人或许就是词语性质的乡愁。借用施茂盛诗中的表述，这是一种词的“享用”（《鹅塘札记（4）》）。当然，反讽形式也可视作对“自然”的拯救，在承认某种自然美学为假的前提下（“雨水也是假的”），它才能重新成为现代诗歌的活跃元素。

如果现代诗意的生成更加借重事物和经验的虚构、变形，那么如何在诗中思考和安置“人”的概念和形体？或者，人的意志如何协调于词语自身的驱动力？《鹅塘札记（1）》的第二、三节就涉及到该问题。“常有逝者飘过：这可疑的人哪，/哪里是他的尽头，哪里有他的边界？”一方面，这是对前一节中事物和词语转换原理的揭示。无尽头无边界的人体和人形就隐伏在自然万物的背面，如“咳嗽”藏在“鹅”的躯体里，“垂钓者”藏在“啁啾”和“蝴蝶”里，“胸廓”也附着于“新月”和“荷叶”。另一方面，这也是对“人”的概念和形象的质疑。诗人在《鹅塘札记（3）》也写道：“最好没人看见豹纹斑蝴蝶蜕变的甘苦。/有没有这种蝴蝶没关系。总之有人因此看见了自己的痕迹。”“人”是一种太过泛滥的形式，这种泛滥有时就体现在其自我禁锢于万物的那种姿态里，甚至，人虚构某物有时也仅仅为了佐证自我的力量。人的介入带来事物的惊奇，同时也带来知识的整体构造，使宇宙看起来如“回旋的结构”。一首诗到这里似乎出现了思维的某种逆转，现代诗的建构性反射出人的悖谬。施茂盛曾说一首诗最大的任务就是平息它自身中的对恃力量（《辩诗录》），“可疑的人”是诗中构成与自然万物相对峙的一维，或者说，现代性思维对“高度”的追求（“从这个/高度，午夜有回旋的结构……”）对峙于其经验的宽度。所谓“平息”也许只能象征性地在形式中达成，诗中说的“逝者”、“晕眩”，都意味着词语虚构紧密关联于死亡的意识。在西方，这是现代思想中“人”的死亡危机的反应，而对于中国当代诗人来说，这既与历史境况的变化有关，也与某种深远的文化记忆有关。施茂盛曾说过“我找到一个词，最能体现诗歌美学的词，它叫‘厌倦’”（《辩诗录》）。在《蝼蚁十二章》结尾时诗人写道：“我剥出一颗肥硕的死亡/我用它的嘴唱你的歌：//‘再剥，便有醒来。但醒来/又有几多旧的欢愉，/在一日三餐的牢狱里？’”厌倦，也许就是在歌颂贫穷和死亡的谣曲中涌现的欢愉的厌倦，是生命无限轮回的欢愉的厌倦。

无边际的人披覆在鹅塘湖面，“厌倦”最逼真的视觉形象是时空结体的扭曲和瓦解，人是他所创造事物的对立面，“时间愈不像它了，塌陷的宇宙也是”。在诗的结尾部分，人的外形显露出某种颓势：

感觉蓬松的鱼线传来痉挛。
一株陆生植物的臀部开始收拢，
在所谓的歉意淤泥般包裹雀舌的彼夜。

有人似乎天生就是为了传播美名。
但我真的看见卵石沾满古老的
冷意：一把斧斤，抵近蓄势的鹅塘。

诗歌到这里突然开始收紧，这既表现在词语（“痉挛”“收拢”“包裹”）的质地中，也体现在语调由轻快向紧峭的转化。这里的“传播”值得细究。它回应了上一句“雀舌”和第二节“哪里是他的尽头，哪里有他的边界？”的诗意，也从另一角度解释了事物和词语跨界生成的含义：“人”的显形、占有事物的过程类似于现代媒介的“传播”的机巧和冷漠。（事物不正是一种媒介吗？）由此它也预示了“斧斤”一词的出现。“斧斤”担负着多重诗学功能，首先，这个充满冷意的器具指代着（一种物化标志）从诗中最终显形的那个“可疑的人”，它的暴力特征总结了全诗对“人”的反省的主题，同时也将诗中的不安情绪凝固在斧的冷意里。其次，它在形式上收拢了诗中流动的事物，让一切停止在“斧斤”的张力中。这是诗歌的运思和形式之间的奇妙平衡，这种张力的构造也许就是诗歌作用于人类精神时的挑衅的意义。某种意义上说，《鹅塘札记（1）》就是一首探究词与物或诗的生成中的隐藏与暴露的辩证关系的诗作。再次，不论“斧斤”的敌意指涉着人类知识还是人性本质，它的神秘性在封闭了诗歌物理空间的同时也为想象打开另一种可能。诗歌将读者带入那片混浊的、构成疑问的“鹅塘”。贝恩在《抒情诗问题》中说，诗歌的最终的玄奥就藏在词汇里，“我们总是清醒的、经过透彻分析的、只是偶尔被精神的恍惚折断的意识，在这个玄奥面前感觉到了自己的界限”。

在施茂盛这里，“蓄势的鹅塘”就是与“传播”学世界对峙的诗歌存储地，正如《鹅塘札记（3）》写的：“在鹅塘，言谈、举止都允许退化。/在鹅塘，梦是公认的秘密，遐思可以染上夜空侧漏的星光。/我写下问候的话，你推开柴扉。”“允许退化”首先是从人的无限扩散中后撤，惟其如此，诗的言说才能找到对话者“你”。“鹅塘”诗逐渐形成的诉说语调就与“你”以及相关物象如“书信”的出现有关。例如：“如果此时仍在想念，你也不必寄我旧信。”（《鹅塘札记（2）》）“鹧鸪来不及在我们书信里出现。”（《鹅塘札记（3）》）“这便是我们乐此不疲的原因。仿佛我们失去/音信，却依然信赖着眼前这些纤细的风团。”（《你好，春天》）“书信”在不同事物之间建立联系，也沟通了相异时空中人物的念想。这只是“鹅塘”的梦想，但博尔赫斯说过，“或许世界历史就是几个隐喻的不同调子的历史”（《帕斯卡圆球》）。博尔赫斯说这话时好像他是现代派的反对者，好像现代性的永恒性一面最终覆盖了其偶然性的一面，而有关梦、死亡的几个隐喻最终嘲笑了人在虚构中的挣扎。

探索 Discovery

游离：水墨雕塑系列009　53cmx38cm　2015

哑石诗选

（12首）

曲苑杂谈

玉露凋伤枫树林，巫山巫峡气萧森。
江间波浪兼天涌，塞上风云接地阴。
丛菊两开他日泪，孤舟一系故园心。
寒衣处处催刀尺，白帝城高急暮砧。

——（唐）杜甫

上阕：曲有误

1. 镜中曲

夜深。尘土挤到飘窗跟前，
房租肥肥地叫，玻璃上，现麋鹿蹄印。

良人，埋头修理胸腔里斑驳、碎裂的暖气片。

嘀嗒声，渗进路旁暗紫石块。
把磁针向后拨动万分之一秒，都不可能！

灵台蕴良知。良知，忠于另一虚构

……噫！肩高于顶，比于列星，
若论齐物，木星，是地球的一千三百多倍大小。

针尖上颠倒日月啊，这苦夏，雪花涌出你模糊的掌纹！

经济，禁忌着锦官城，小恶俗
清洗华丽鼻毛，埋首夏夜轮回啤酒里。

可学师家手眼？镜中花，也有游龙戏凤的本领！

2. 回旋曲

> 像曼陀罗花拔出地面那样尖叫，
> 那声音，使闻者抓狂。
> ——莎士比亚《罗密欧与朱丽叶》

事实是：猕猴桃也叫奇异果；
满坡映山红，邀阶级
为杜鹃手语！当天地舞成一池羽色，
海拔必然更高，尖锐废黜
舌尖逻辑：世纪喉咙的深处，
正滚出羊群……雪线之上，
瞳眸点点蔷薇的，为格桑赋曲。

那你，吟哦何种曼陀罗呢？
吮钟形水母，比无形电波铺展得
更远的花瓣上那一抹幽蓝？
横笛树立借喻，多年来，
虚空针灸着金融中毒素的味蕾……
事实是：喜气入酒，果真会
爱上末世别名，吹鼓奇异的正义！

3. 困顿曲

今日，谁也无法控制，
岷山融雪清冽。但在这里，
金融活动频繁，张嘴辛湿雾气，
锦官城天气，如此闷热了！
意识形态插线板，美人
瞳眸里闪亮的钨丝，与其
为余生保险，不如
替蛛网上小蠓虫无私、性急。
钝挫一下下，如此尔尔，
终南山多山洞，悬浮
列车在双轨制上无声疾驰，
虚无的舌头，预期
仍有热剌剌之电流海量交易
——今日，小小容身之地，
要你支付内存，刮除
青蛙舌苔……我把自己的
三张羞涩储蓄卡，直直清空！
落日，等着亲吻那一屁股
浑圆外债……接下去，
它准备在你尾椎上拧紧马达，
突突青烟中，嘻笑吧，
雪水涌进灯红酒绿的夜晚，
一寸寸摔打，黜聪明，堕肢体。

4. 小夜曲

一株夜来香，舌尖郁闷制度，
但模糊性，尤其鲜明；
薄衫若半卸，微雨轻唤麒麟，
知时也就会乱了分寸。
俺，俺……蛰于抽象时间透明的蝉蜕，

明确着邀请，比一粒逡巡水面
的灰蜘蛛还恼人——
如果是博物学家，足底生绿须，
或者在不可能的梦境
吞吐过浩淼烟云，
便可试一试，将蒙尘镜面拂一拂。
道德之冷，会将手指灼伤。
旧足迹，渐渐也是
慈悲大雪下贫困者的
小经济，博弈于肉体之高效率
与假公正……其实呢，
我的夜莺，这时代，找到
称手的锄头，比怨言重要得多呀——
穿过黑暗街区，我徒步而来，
夜沉沉，你比闪烁雨丝更知我底细。
夜来香是真的，麒麟也真，
川普卷舌为齐鲁方言，
长元音摇曳……你走得远，
吐丝，密炼，弹奏着呼吸以踵的新人。

5. 出塞曲

摇曳微光的黄昏，胫骨倦了。
威廉姆森[①]，从新制度经济学白昼
抽回双手，学习此处微甜的绵。
整下午，锦官城小白鱼，
跃出凉爽淡绿的水，探身溪畔
圆石，晒粉色鱼鳍。
其实，我也晒点什么，决不依靠
摊位，或市场回溯于制度：
天苍苍，野茫茫，暮色匝地的一刹，
我的身体，亮一匹火烷布！
下午，同威廉姆森握手时，你

惊异于自己竟然摸到了
蝾螈细足的铜锈——
现在，摇曳微光的黄昏，足跟倦了，
好身体，应被什么捏碎过，
但此刻，是霓虹，更是火烷布——
当然，集权不用解释什么。
亲爱的，我说睡会儿，就真裸着，睡了，
你，还要继续码字，还要
在一枝枝螺旋形火焰中，
亲吻那庙宇般隆起、充血的山峰！

注①：奥利弗·威廉姆森，新制度经济学命名者，获2009年诺贝尔经济学奖。2010年7月2日，威廉姆森应邀莅临蓉城某经济论坛，并作有关中国经济问题的演讲。

6. 果然曲

果然神兽，果然鼻露向天，果然荡了过去！

果然一条毛茸茸分叉的淡金色长尾，海景房中，
分开胸口闪亮的警徽与喘息……

一只蜗牛，搬运宫殿，留下细长、黯淡的水渍。

海边，果然可以文字，组装涛声渴意——
不可组装的，是你不知为何憎恨那个果然的你。

将警徽和诸般确定，扔进深海喂鱼吧！

嗨，《山海经》，《南国异志录》，有你出没的记载：
世界遇佛之处，果然青翠，满眸雷雨！

下阕：咙咚咙咚呛

7. 沙弥入世曲

与其谈论未来，不如虹身，
不如胃口斑驳的借贷，款款而来
……经文执着甜蜜浮财，
不如佛学产业化。一级级果位，
拆迁名山庙宇为昂贵楼盘：
世间多事，天上就掉下
葱花馅饼，砸翻虚无磅礴的天才
——他脚下，浮云流连，
公权携一串鼻涕虫，却被踩扁。

我的幽默，你慢慢会懂，
甚至比我更懂。葱花只是调料，
重复的大白话，可用时局
汤汁，调制出舌尖上舞蹈的心花！
其间技艺，比春风拂过他
制服上忽闪的铜扣，多点朝霞——
白色借贷中，你多么特殊，
缘来，就有结实的未来，
虚无也来，双腿间夹支电子喇叭。

8. 凤凰浴火曲

辩论，恍惚涉及衣衫褴褛者
胸口的毫毛，一丛枯黄凌乱的毫毛，
被秋风卷成匍匐的漩涡形——
从时光涌流的方向看，
肉体再卑微，也有灼热齿轮，
泥垢呢，姑且不论。荒草经营千年，
好时节里，可逆转论辩的

逻辑烟云：变得隐晦的，是怜悯，
是政府微笑借用的伦理悬崖。
我们收支，刷新笔笔糊涂账，
多汁青春，进步海绵可一一归零。
历史就是离开暗夜哭泣的诗，
这，你会说过于虚无？
那换一种方式。若浪漫主义
瞪圆眼睛，也敌不过一滴宇宙的
魔幻现实，你仍会同意模仿
济慈，或者华兹华斯？
想象胸口漩涡，在欲望推动下，
变声成狂暴的水龙卷，譬如“鲇鱼”。
自然不怜悯，轧轧转动巨大
齿轮，要在脆弱星球上钻出一个
永恒结论？我们都明白：
想象，比现实逊色不少，
但，再细微的真实，都只能
通过多重想象的漩涡，来完成……
缤纷星云中，万物苦于
铁的证据，惟有具体死亡可以裸裎
——现在，我还不会和死亡
握手言和？其实，这是风景诗，
褴褛大地露出了胸口，你和词语，
知晓我是来自规划局的论敌。
城郊一片凤凰树，风起，一丛丛毫毛，
它的倒伏，有时也是你在倒伏：
词语搬运辩论舌尖的灵媒，
或者，荒凉白纸上一声轻抑的呼哨。

9. 中古梦游曲

进入修道院，发现里面有许多魔鬼，但在市场上却只看到一个，独自地在高柱上。他觉得奇怪。不过，有人跟他说，这是因为修道院是用来帮助灵魂拥抱上帝，因此需要那么多的魔鬼来引诱教士，让他们走入歧途，然而在市场里，由于每个人都是自己的魔鬼，因此只要派一个魔鬼去就成了。

——修姆伯特·德·罗曼斯《讲道》

如果真正活着，指甲暗长，
半壁江山会渐渐醒来，
纸张上，浮现郊区林木的萧疏
以及有气没处撒的滞胀……
所以，你有点紫色的鼓凸。
呼吸里，与我谈谈刀子，可以吗？
你不是夏洛克，也没去过
轻风引雨入船凉的江南，
谈什么都危险。割下一磅肉，
不流一滴血……财富自动
降临被诅咒者身上？所有可能，
乱云飞渡中卦象的种种可能，
偏安笔尖，瘦金的可能，
内藏不能洞穿的渴与冷，
都指望在城市褶皱里交错生长——
里亚尔托桥，神秘的热闹！
后来，铸造厂分隔了这热闹。
且与时代交换，暂且从良，
暂且卷入银行的瀑布，急急冲凉
——那暗夜中卷心菜的叫唤，
城乡一体化中野花的脚环，
就算了。更早的中古，科举
不废异能，风雨调养艺术，
饮食入于颓废、精美一窍，
破碎正常……十字军东征归来，
满脑子血腥和香料的味道，
一如此刻，刀子破空而来，
紫色不仅仅是某种滞塞，
词语法人，满心眼新演的名堂：

肉桂来自锡兰，丝绸来自
瓷器故乡，从印度带回的，则是
滚滚的番红花、豆蔻、杜松、茴香……

10. 中阴狂想曲

何必谈论思想？这么多酷吏、早春……
再加一滴朝露，往生，就圆满了。

呵，漫山野流氓，与死相押韵！
话语禁忌一角，阴茎上飞龙刺青另一角。

或者，试试经济方向如何？
试试割袍断义的芳香，又如何？

雨后春笋，看后生贷款千万
炒房。思乡，新坟脊上细密鱼鳞的激昂！

11. 基本无事曲

淡定哥力擒晚霞，风水，调教
国企针尖攒动的举意……
向左，向右。向右？向左？
疯了谁都不能封脊柱之髓——
这，基本无事。即使明日凉今日，
贼纽约摸黑翻转成陕西，
或者，取道中庸者，舌吻七星蛇，
看上千人麇集街区，砸砸红色
Ma6，砸砸自家小枕头上
江山的好脾气……火药来炸厨房，
基本无事；火药是红皮白心
萝卜，是翠绿的莴苣，基本无事；

火药让活腻的鲫鱼在餐桌
高唱呼儿嗨哟，基本无事；
有人不吃鲫鱼吃露珠，基本无事，
在脊柱里，挖挖青苔也算；
吃露珠不如扮相酷酷，拾
官运手挥五弦、目送飞鸿的机遇。
老无所依者，极力扮演但丁，
滑稽笑星，却扮不了贝亚特丽齐：
觊觎即急雨，或不如不吃，
成就基本无事：你白，你太太白，
你太太太白……我突然有点黑，
背脊长出枯枝，找不着北，
我仍基本无事人？谁？谁劈开了
肚腹辛酸的爱？哎呀，CPI
抽象，红烧肉具体，以色列
太遥远，火器喷涌落霞孤鹜寄语。

12. 恍然有悟曲

星空。簇簇明亮、温热的松针，
幽微处，光影有紧密的质地，
我有卷刃、融化的偏好。
别的事物，才是渗出白色雾气的缝隙。
多少次，哦，多少次，我们
谈诗，在金沙茶府，在清明的地下
当铺和昏暗历史感面前，
我们谈诗——隔着一地贞定的
鸡毛，朝对方，投掷翻涌蓝色轻烟的、
微型月亮！有好几次，配合
那条宽阔、神秘的河流，
你悄悄停顿，扮演儿童来回勾魂。
常常，市场缉私员会在此刻
现身流星，充当命运严苛的老师。

窗外天街上，始终有台机器，
嗡嗡震颤，无论是你，还是我，
都未看清过它，它的情欲、凛冽雾气，
还有坚定的、彩虹般的意志，
似乎只对我们隐形。是的，只有
这些就够了！谁也不能在
泥浆似的灯光中，提炼出坚韧的釉，
谁也没神圣理由，重新造人：
你我都有热乎乎的器官，一旦
敞现星空，都会额头明亮、枝条新颖！

2010

蒋浩诗选

（4首）

夏 天

1

呃，真热啊！
一碗水，两碗汗。
边走边脱的是木梳子上麻木的智齿，
边走边滴的是肌肉棒子上乱窜的玉米。
这把年纪了，淡定得处处漏风，
又处处谨慎像若无其事。
电扇确实慢一些，风向还单一；
空调又太实在，伤关节，犹及心肺。
吃一枚煮鸡蛋，踏实得心慌。
喝一碗绿豆汤，清凉得心虚。
趺趺欲失的地平线，
从身边挖走了几棵树，
遗留的空地又突然长出了吐丝的楼盘。
树叶如同讨巧的开关，

舔一舔，
炎热和清凉怎么一下就变成了炎凉？

2

起旋的空气消耗着建筑的耐心和凝聚力。
雨不一定来，
裹在一堆烂树皮般的层云里，
没被解开。
隔墙爬山虎递来虚拟的笔墨，
濡湿了后背赘疣的假山。
胸前求雨的监视器里，
冷僻字乱窜，碰到什么都敲一敲拧一拧，
仿佛这院里到处都是松动，到处都是把手？
门开了，
涌进来一条失修的街道，
汽车转弯像是扭屁股炒菜。
尾灯如烟头，吮吸过，烫伤过。
尿淋在上面，嗞嗞的，
又痒又响。鱼在鱼缸里练习顿悟。
雨掺进了水，雨湿了，毛润之。

3

热继续发酵。热闹冷静地晾在一边，
观察着各种嘈杂带来的原生态。
空气混进了怨气戾气腐气，
随便抓一把，都能捏出个草泥马。
眉毛纠结胡子搭起的凉棚下，
清补凉清热下火不补良心，
文昌鸡妙在不生不熟间，
抱罗粉且甜且酸且珍惜，
东山羊皮薄肉嫩无膻有碍跪乳之恩。
外地人正在挖掘本地风味中的人情味，
啤酒掺和海马继续发酵，
苍蝇蚊子老鼠蟑螂继续号称热岛四宝，

继续多过任何。报纸上说，
据不完全统计，从三月到五月，
各省市自治区落马官员中，
本岛以二十四人暂列第一。

4

丢了芝麻捡西瓜吧。
要薄露透，还要剥螯蟹的玻璃腿。
咬开的巧克力冰淇淋，像火山口，
余温已尽。新涂的口红像余烬，
分享着烧烤炉里的木炭之灼。
鱿鱼卷像没拆的几束信札，
和秋刀鱼为了一场误解的约会，
彼此都忍出了海味中的腥味。
淋在她们身上的橘子汁，
像丝袜滤过的灯光，
比醋环保，兼有水果的性感。
羊肉串稍微焦了点，
嫩不过包在锡箔里加了萝卜丝的海贝，
乳白的汁液沸腾着，横流着。
那时候我们就这样整夜整夜地烧烤，
为口味而不为成熟。

5

天黑时，憋闷亮起了路灯。
暮气抱团，湿气抱脚，热气抱头。
腰上还剩一个煎熬，
在厨房里翻炒不动产：
火候到了，性价比与性之间，
加点酱油，勾个芡，起锅即成。
没下锅的未必不是老虎菜，
端上桌的未必上得了厅堂。
苦瓜过了保鲜期，甜烂了；
甜瓜过了保值期，酸了；

谁说黄瓜是黄的呢？
嘴杂的说他吃了哑巴亏，
用茶壶煮饺子，等茄子霜腌。
苍蝇没有鼻子，器官在脚上，
像党建在支部上。
所以白天吃苍蝇壮胆，更壮阳。

6

自家的小盆友爱吃鸡蛋，
每天就去草地捡鸡蛋花。
憋不住尿裤子，光了屁股，
把蛋蛋露在外面，
时不时闲扯下。
昨天他突然就会数到一百多了，
今天又开始读完ABC。
那边时不时传来笑声和水声，
有人滑倒，有人呛水。
圆形泳池像个喜乐吹大的水泡？
从今天起，连续四十五天，
媒体每天公布一个战犯的笔供，
像从墓地里挖出一笔花在前朝的存款，
又去购买各种鞭尸的国库券。
小盆友也爱吃鸡肉，
但他似乎天生就会砸鸡蛋取乐。

7

热了一夜，天亮时突然的凉，
像枚钉子扎进了绵软的身体。
床板被光线捆绑着，
虚浮窗框，歪在一边。
梦里露出的马脚，做了手脚，
下水道改了方便门。
鸟和鱼均被请来参观早餐：
法式牛角包，牛奶，咖啡，野生蜂蜜。

一点水果，用于微信点赞。
太阳正好在阳台上自饮，
露台的露水准备好了自曝。
隔空的喇叭，一长一短，
来掏耳朵里抛锚的筋斗云。
横眉竖眉，留两道鞭痕。
假象比假设只是来得真实点。
超脱比解脱只是多了层隐身衣。

8

台风痴呆般刺目，拔一棵树，
扭断一个惊叹号。楼群伴着摇晃，
门窗脱落如落马的纷纷脱肛。
暴雨终于清洗了家庭暴力，
除了大自然的大恐慌，
亲情都在锅碗瓢盆间释放了重力。
卷走的内物随波逐流分头讨好各种幽门便道，
溜之大吉未必是留职大忌。
留下的，发誓要夜半御风行，
找活水，发静电。谁想到，
水电都停时，水表电表走得更快；
电梯电话都停时，堵在那里像展览刑具；
一人一坑，困在那里像生就如此。
原来说好的日子要好好过，
为刮走的房子哭，
不如为它没被贷款泡烂而庆幸。

9

此地不是台风就是热风，
不是风湿就是湿热。
风轻不过猫腻，湿重却超比重，
天天发动你，
购买浮在老爸茶里清凉的三字经。
天天有奖，还天天添伤。

海府路的鞭炮炸烂了蓝天路的发廊，
博爱路的城管打死了中山路的地摊贩，
滨海大道的椰子砸坏了椰海大道的车子。
买海景房养鳖养三的外地瘪三，
也买沙子磨臀磨胸，买阳光晒毛晒肚，
买海水烧脂烧钱。
他们吃白天鹅不吐骨，吃眼镜蛇不剥皮，
却嫌穿山甲吃起来不骚不痒。
其实都是穷出身，还一个屌样，
还穷，空气中只剩下木麻黄叮当响。

10
熬夜把尿熬黄了，憋闷又把尿憋没了。
看电视里虎鲨厌倦了海鲜的高蛋白低脂肪，
跃过防波堤，来人间换重口味，
还在各大山林鱼尾题词：“到此一游。”
同宗的老虎不能忍受僭越冒名，
吃了虎鲨，鱼皮裁成时装。
话说后来的大洪水诺亚时代，
老虎正是凭借这身鲨皮混迹鱼群，
躲过了灾祸，保全了性命。
水退上岸后，投身蜥蜴目，
其中一只化身壁虎正在墙角吼吼捕蚊。
好事的古人却以朱砂饲之全身变赤，
阴干捣烂，一点红，锁住女人身，
等待和她交尾的那个男子一起消失。
虎和鲨的命运就这样终结于处女身。
其实是天太热，尿变了汗，全蒸发了。

11
春多蠢货，夏无良才。
隔三差五的隔夜茶和当机立断的下饭酒
像一对馊主义，
总凑一桌边打麻将边发嗲。

人情在握，囿于到犹犹豫豫的边缘时，
龟背蛙背上都是纷纷热衷的冷汗。
大背头像个大背篼，抹上二两理由，
汽车和蚂蚁都在上面打滑。
找一些蜂蜜搪塞下当下正当的采花路线
和不正当的正冒火花的线路：
反腐靠小三，反贪靠小偷，
反党靠小甜甜，反社会靠小青年。
停留在停车场的红色婴儿车，
又停留在停尸房。
清洗过葫芦里花花肠的又清理硬盘，
发现买卖官赚的只是人民的差价。

12

一天好几场雨，下到肾虚尿频。
间杂好几场太阳，晒到冒冷汗。
日子板上钉钉，刚刚铆过，校对过。
遇到兜头风就抱着电视定神。
剧中人个个青葱，像是吃草长大，
说话却是奶声。其中有个草包，
不相信女朋友早被朋友假酒拐走，
还在等电话送二手洗衣机。
失了东窗，西窗亮着的像光头，
到秋天才明白草枯即见骨，
真相就是假象。不过，今天雨虹
如枷，铸在一起的两个山头，
又被月光从大地的胸衣里剥出来。
惩罚那些在墙角练金鸡独立互解锁骨的年轻人，
去厨房临帖，书房习厨。
生来马虎和生来鸡狗都像这空中的喉结一样纠结又虚落。

13

几天来，不吃晚饭，早饭，
肚子里还是悬了因果，填了山岳，

鼓胀得像真出了故障。
泡罗汉果，喝铁观音，
弥撒听第二遍就像撒娇，
协奏曲一边斜走去。对了，
“世界是平的。”[①]清朝的胸是扁的。
推窗望到假山边晒皮毛的喵星人，
胸假到没有，影子更是糊不上地。
汪星人的舌头急红了眼，
地板上留一溜口水，
没冒一绺烟，不说没也没了。
也想出去走走，小区路仄，
容得下双脚，头顶却是刺目。
天啊，蓝得多么无遮无拦啊！
太阳烤着，“这个世界会好吗？”

14

季节在衣领上发力，
海在针尖上冒汗。
泡在海水里的浮力，
堪比重力更引人入深。
那里藏着的秘密，像密码般的暗礁。
带着闪电悠远的磁性，
海水在上面烧出了黝黑的细孔。
通向你有生之年的尽头，
这么多的洞，会不会
只是一个分岔的隧道？
你绷直的身体在岬角上轻轻旋转着，
像枚秒针，弹进起皱的波浪。
呵，游过去，游过去！
那些空洞像一枚枚枯萎的泉眼，
填满了海水，喷出了浪花，
“目睹了一座岛屿的诞生。”[②]

15
文字藏在锦绣文章里，
蚊子藏在静修蚊帐里。
流水席上巧设文字局，
不如鸿门宴中长做帷幄梦。
读到夜深人静汗流浃背时，
字硬如根，岂是随手可拔？
蚊硬如钉，岂是失手可打？
假借蚊香就像嫁接了扇子，
扇翻了结党营私的扯犊子，
赶走了腐败滋生的拉条子，
满屋还是臭烘烘的专政之氤。
绿头党藏在苍蝇里打喷嚏，
粉头郎藏在红袖里吞口水，
个个都梳大背头摆剪刀手。
明天苍穹之下[3]见面如蒙尘，
如蒙不弃，如蒙手下留情。

注①：“世界是平的”语出美国学者托马斯·L·弗里德曼。
“这个世界会好吗？”语出梁漱溟。
注②：“目睹了一座岛屿的诞生”出自伊丽莎白·毕晓普诗《克鲁索在英格兰》。
注③：“苍穹之下”系柴静关于雾霾的著名纪录片。

2014.5−2015.3，海口

续断句

自来水射线般往复浇灌盆栽的松柏。
草儿一缕的可怜，花儿一律的可念。
能读出名的青竹，能刻上姓的，竟斜出一杆不分名分。
能舀干的小池，能续满杯怀。
锦鲤不在桥下，翠鸟不在桥上。
假山醉翁状，抽象的太湖石掏空了内脏，一推就倒，一倒就推。

醉翁亭假山样，集起了长椅短凳，一定得坐，一坐就定。
自行车兀自吞吐着琐窗上琐碎的反光。
自来风骑在墙上，没有倒下来，
……………………………
……………………………………
早起和晚起的鸟儿都把屎拉进窗台上熊猫的存钱罐。
有一天不会有今天这样难堪的友谊，
看园子，
看到了原址。

2014.8.26，海口

向Rene Magritte[1]致敬

有些日子，虽然很旧，
但还冒着热气，
像刚从烤箱里取出的面包的影子，
戴在剃光了潜意识潜艇的秃头上。
跟随浪花浮出海面时，
霞光又在她的宽边缀下了流苏。
她说这是送给你的新年礼物，
像用回声编织的鸟巢，
挂在甲板上，招雨燕，定风波。
好运气总是这样伴着祝福
一次次挥别于波浪筑起的雪山前。
有一把桨样的雪镐，
挖着你埋在那里的烟斗。
她表面上的白色之白不像染出的，
像是感染了先天的混茫，
又从牙膏里挤出来，
传染给一排露齿笑的暗礁。
但你很少提及那里其实也曾是一片坟场。
如果把她们翻过来，

里面一定有几枚发芽的硬币，
像被催眠的海鸥，
正用梦呓孵化着落日再次跃起。

注①：Rene Magritte（1898.11.21–1967.8.15），比利时画家。他对波普艺术的影响十分重大。作品有《戴圆顶硬礼帽的男子》《这不是一只烟斗》等。

2015.2.10，海口

一个插曲

紫菜开黄花，桃树结核桃。
前天突然延续了去年，
又一架飞机失事了。
早上起来，
小盆友流鼻涕，打喷嚏，咳嗽。
是感冒，但没发烧。
还在屋里用劲敲爵士鼓，
摇头，挺胸，扭屁股。
小屌丝不知世界之最大声
不是来自你我撞击，
就是来自自我爆炸。
药店虽然改了红酒铺，
和吃喝还是相关；
隔壁的理发店还在开，
岁月无情，涨了点价，
又掉了点头发。
据说这次疑似副驾自杀？
选了普罗旺斯美丽山区不周山，
从三万八千英尺下降，下降，
把头撞上去。呵呵，
三月是最残忍的季节，
残骸如花，开的满山坡。
死，又一次拯救了不死。

收集泪水的人却找不到泉源。
脸书显示，他酷爱飞行，
喜欢电子乐，保龄球，不乏幽默感。
邻居说，他善良，充满活力，追求梦想。
航空公司说，他因抑郁症暂停过飞行训练。
警方说，他的公寓里有重大发现。
但今天的消息像是去年的一个插曲。
那架失联一年多的马航还没找到，
像是换了架飞机，
又伪装成发胖的食指，
继续在手机上刷屏。

2015.3.26，海口

相对性、有机技术与诗的喜剧

——读哑石与蒋浩近作

一 行

相对性弥漫在当代诗歌写作的现场，一如它也弥漫在我们时代的物质状况和精神氛围里。对当代诗人来说，如何深入到相对性的涡旋之中，让其中的气流驱动语言的轮轴，并将其转换为诗的感受力和理解力，这无疑是一件必要、困难且充满危险的事。那些不够强大的心灵会被这些乱风摧毁、败坏和腐蚀，成为失去方向的相对主义者或发明油腔滑调的颓废玩家。而那些承受住了相对性的力量，并成功地用它来淬炼自身的诗歌信念和词语立场的诗人，则无一例外地成为了同代人中的佼佼者。在这里，相对性扮演着黑格尔所说的“知性的分解力量”的角色：“柔弱无力的美”害怕它、憎恨它因而总是避开它[①]，到虚假的绝对性中寻找避难所；而对于杰出诗人来说，它恰好是诗歌从中获得自身灵敏度和有效性的场所。

诗歌，能够从相对性中汲取活力、养料和滋味的丰富——哑石和蒋浩这两位川籍诗人的写作为此提供了两个不同向度、又相互共通的例证。在哑石和蒋浩近些年的作品中，相对性不仅体现为诗歌所要处理的时代状况，而且指向一整套更新了的语汇系统、措辞手法和诗歌行进方式，并由此构成着他们全然个人化的风格特征。就对时代状况的处理而言，相对性在诗歌中首先体现为事实/视角之间的“关系”。这意味着，当代诗在最低、最基础的层面上必须是“透视主义”和“经验主义”的：它必须建立在多角度的观察之上，将人和事物置入到构成它们的视角和参照系的背景网络之中予以理解。在哑石和蒋浩的诗中，这一层面上的相对性经常受到另一种（词语或修辞的）相对性的修正，但仍然可以从某些诗句中辨认出其未被完全覆盖的痕迹：

① 黑格尔：《精神现象学》上卷，贺麟、王玖兴译，北京商务印书馆，1983年，第21页。

事实是：猕猴桃也叫奇异果；
满坡映山红，邀阶级
为杜鹃手语！

（哑石《回旋曲》）

……警方说，他的公寓里有重大发现。
但今天的消息像是去年的一个插曲。
那架失联一年多的马航还没找到，
像是换了架飞机，
又伪装成发胖的食指，
继续在手机上刷屏。

（蒋浩《一个插曲》）

在“猕猴桃”和“奇异果”、“映山红”和“杜鹃”这样的“同物异名”关系中，发生的是两个不同群体或阶级之间的土/洋和俗/雅的对照。事物的名称暗含着社会中的“区隔”（布迪厄语），称名方式作为“趣味”的一环区分着人群和阶级。正如德勒兹在对尼采的解说中所言，事物“是什么”的问题并不重要，重要的是“哪一个”或“谁”的问题，是“对谁来说”以及“在何种关系或状态中”的问题。苏格拉底式的问题“是什么”是对绝对性和本质的诉求，而“哪一个”和“对谁来说”的问题则遵循了多元主义的、在相对性中进行透视的方法。[①]哑石的这句诗用“事实是”开头，表明他意识到了许多“事实”都是在一种特定的视角、趣味、知识和权力的关系中被构成的。而蒋浩在《一个插曲》中以2015年3月24日发生的德国空客A320坠机事件为题材，逐一叙述了这位谜一样的飞行员在众多媒介/机构/受访者那里构成的不同形象，却在结尾提供了一个诗人自己的说法“今天的消息像是去年的一个插曲”，将两次空难关联起来。在这一关联中，事情严重缺少实在感（“像是换了架飞机”），仍然只不过是发生在手机和互联网中的刷屏信息而已。我们时代的事实，是被各种媒体报道和网络猜测建构起来的，它的虚幻性不仅仅来自于视角的多样，也来自于媒体和网络本身不断刷新、永无结论的性质。

受这种相对性支配，诗就成为了状态诗，而不再可能是古典或近代意义上的行动诗（史诗和悲剧）和抒情诗。而当代中国的基本状态，就是受权

① 德勒兹：《尼采与哲学》，周颖、刘玉宇译，社会科学文献出版社，2001，第112页。

力控制的极端世俗化。这显然与中国现代性进程中的曲折有关：它既造成了事实或事物的相对性，也造成了观念之中的相对性。与此相应的是，世俗主义或世故精神成为当代诗的特质之一。如果我们同意当代诗歌必须在一定层面上是透视主义和经验主义的，那么，它也必须多多少少是世俗主义的——透视主义拒斥一切神学和玄学的本质或绝对观念，而经验主义也常常蕴含着世故。当然，在许多诗人那里，世俗主义这一诗歌立场的获得，其实经过了许多诗学阶段，其中可以看到一系列的自我调整、自我纠正的轨迹。对哑石而言，这意味着《青城诗章》（1997）和《月相》（1998）中那种诉诸"天道"、"灵魂"或"命运"之类终极视域的诗歌方式，被一种更世故、灵活和杂糅的写作所取代。《曲苑杂谈》（2010）这一组诗的总题及其各篇分题的命名方式可以证明这一点。众所周知，"曲苑杂谈"的名称来自于中央电视台1991年开播的一档电视综艺节目"曲苑杂坛"（2011年停播），它以曲艺表演（相声、小品、评书、杂技、笑话和魔术等）为主，无论是从表演方式、内容还是受众来说，它都是极其世俗或大众化的。哑石将曲艺的某些要素（贫嘴式的幽默或喜剧性，谈话时语气和语调的连接与转换等）引入到诗歌之中，但对曲艺的措辞方式作了公案式的调校，使之成为了参禅般的活句（所谓"师家手眼"）。各篇的标题，诸如三个字的"镜中曲"、"出塞曲"貌似古雅素朴，却因"曲有误"而成为荒腔走板的狂想谐谑；而五个字的"风雷救市曲"、"股市进行曲"等，更是直接可以从名称上看出与"咙咚咙咚呛"的锣鼓喧声相配合的嬉闹谈笑。值得注意的是，这组诗里滚滚而出的对"俗"的热情，是与对"圣"的冥想混合在一起的，"俗"的相对性渗透进"圣"之中，使"圣"不再能摆着、端着原来的架子，但确实又保留了"圣"的维度。正如诗的题记要用诗圣杜甫的《秋兴八首》第一首的沉郁萧森，来镇住整组诗中的怪力乱神，哑石的意图并不在于用相对性取消精神的严肃，相反，他是试图在世俗的凌乱中获取"昏暗的历史感"，去领会"圣"在俗世中的某些几不可见的踪迹。如在《镜中曲》中，"房租肥肥地叫，玻璃上，现麋鹿蹄印"这一句将"房租"的日常性与"麋鹿"的神秘性连结在一起，未必只是一种修辞意志的强制混搭，而可能包含着"齐物"的企图。在这种齐物论中，日常生活和超尘冥想之间并不存在那种必定会带来精神焦虑的紧张性，相反，超尘的冥想就像梦游或走神一样，可以毫无违和感地镶嵌在日常图像之中，与世俗场景几乎就是勾连如一、混而不分的。

相似的转换过程也发生在蒋浩那里。他在成都时期写下的组诗《纪念》（1996）被一种革命受挫的激情和悲剧感笼罩，尽管修辞上已经比较繁复，但其中的道德哀伤和良知氛围却是从某个"绝对"而来。稍晚一些时候

（1998～1999）的作品中（如《说吧，成都》），蒋浩正面处理了所谓的“日常”，但其世俗性仍然被从阅读经验而来的知识分子视角、趣味和书卷气所覆盖，一个非常明显的例子是《陷落》（1999）对众多西方诗人和知识分子经历、引文的嵌入。这一时期的蒋浩虽然在诗歌技术上日趋娴熟，但其诗歌的精神质地和行进方式仍然有从西方某些大诗人以及中国部分当代诗人那里学习、摹仿的印迹，在此时，“道德的理想主义”被“美学的骄傲”所替换。蒋浩真正发展出自身标志性的、不可替代的诗歌写法，是在后来的海口-北京时期（2002年以后）。这一时期蒋浩的诗发生了三种主要变化：首先是自然或风景的发现，在与“海”的交谈中他更新了自身的诗歌感受力和词汇表；其次是在阅读经验与世俗生活之间建立起了互文性，而不再像从前那样用阅读经验和引文覆盖世俗生活，这意味着世故的精神真正进入到视角和理解力之中；最后，与前两种变化相关，是语汇来源、措辞法和修辞技术的变化，蒋浩将中国经学的注解传统中的某些要素与现代修辞学综合在一起，发明了一种以“语素关联”（谐音、同字词联想、局部对偶等）为主的诗歌推动方式，取代了大多数诗歌中以情感节奏、叙述的时空-事件逻辑或观念演绎法为主的推动方式。人们可能会更加关注他在《春秋解》（2004）和《游仙诗》（2010～2011）等诗中表现出来的登峰造极的互文与修辞技术，但一个可见的事实是，越往后，蒋浩的这种修辞手法越是与生活的世俗层面交缠在一起，似乎修辞学在给词和句子扣扣子、打领结时需要在日常生活那里照镜。组诗《夏天》（2014～2015）有可能是蒋浩迄今为止写得最世俗的一首诗，其语汇几乎完全取自大排档、超市、报纸和酒局，行文带有明显的相声段子性质。我认为，蒋浩在近些年的诗作中，似乎正在系统地反对通常所认为的“生活之美”，其高超的诗艺笼罩着一层世俗之氤，文字像蚊子一样孳生于生活本身的油腻、霉腐和混乱。

诗歌的世俗主义，意味着诗人要让诗歌呈现出、甚至发明出生活中潜在的多重滋味。美和崇高不过是众多滋味之一而已，诗艺和厨艺一样，还可以制造出远远超出通常味觉范围的新滋味。正如汉语中的“道”首先体现于“味道”而非“知道”，“微妙”和“丰富”是两个形容食物滋味的词。食材、调料和味觉词汇在哑石、蒋浩诗歌中的大量出现并非偶然，这既有诗歌深究世俗的原因，也有个人化的风格考虑。尽管同样具有对世俗、对相对性的热情，但哑石的诗歌味道与蒋浩并不相同。哑石诗的“味”主要作用于舌尖的味蕾，致力于调制一种将古代、中古和现代的事物/词汇/食材烹煮于一炉的“迷魂汤”，其功用是让人在日常生活的某些瞬间突然“走神”，其新感性或新滋味的特征在于冥想气质和奇幻性。哑石的诗即使在最“凌乱”的时候也有一种佛道修行者般的出尘之气，他并不拒绝在诗歌里呈现优雅和美感。而蒋浩诗的“味”则侧重于鼻子的嗅觉或“气味”的杂多性。他的重口味仿佛有乱麻麻火锅气息，且不介意在底料中放入口水和地沟油；与其说它是用来吃的，不如说它是用来闻的。蒋浩的许多诗有意避开美，转而去收集生活中不断发酵的“怨气、戾气和腐气”（《夏天》第3节）。“苍蝇”和“蚊子”在其诗中不断飞舞、盘旋，其味道之杂、之重可见一斑。这样的差异，可以从《中古梦游曲》和《夏天》第15节的对观中两两相照：

……且与时代交换，暂且从良，
暂且卷入银行的瀑布，急急冲凉
——那暗夜中卷心菜的叫唤，
城乡一体化中野花的脚环，
就算了。更早的中古，科举
不废异能，风雨调养艺术，
饮食入于颓废、精美一窍，
破碎正常……十字军东征归来，
满脑子血腥和香料的味道，
一如此刻，刀子破空而来，
紫色不仅仅是某种滞塞，
词语法人，满心眼新演的名堂：
肉桂来自锡兰，丝绸来自
瓷器故乡，从印度带回的，则是
滚滚的番红花、豆蔻、杜松、茴香……

（哑石《中古梦游曲》）

文字藏在锦绣文章里，
蚊子藏在静修蚊帐里。
流水席上巧设文字局，
不如鸿门宴中长做帷幄梦。
读到夜深人静汗流浃背时，
字硬如根，岂是随手可拔？
蚊硬如钉，岂是失手可打？
假借蚊香就像嫁接了扇子，
扇翻了结党营私的扯犊子，

赶走了腐败滋生的拉条子，
满屋还是臭烘烘的专政之氤。
绿头党藏在苍蝇里打喷嚏，
粉头郎藏在红袖里吞口水，
个个都梳大背头摆剪刀手。
明天苍穹之下见面如蒙尘，
如蒙不弃，如蒙手下留情。

（蒋浩《夏天》第15节）

对哑石和蒋浩来说，多重滋味在诗歌中的层层包裹不只是源/缘于世俗生活中物与观念的相对性，更是一种词的状况的相对性。词的相对性，构成了他们各自诗学立场的重要部分，并引导着他们在诗歌技术上的不断变更和翻新。从词的角度来说，相对性则主要体现为诗歌中圣词、中心词和大词的消失或“祛魅”，以及词汇来源的异质性。在一首诗中，词与词构成的是非中心、非同一性的“星丛”，而不是某些次要词语围绕着一个或几个核心词转动的“星系”。同时，相对性意味着词语在诗歌中如同食材和调料一样，需要在搅拌和翻炒中不断差异化，这样才能避免同质性的词汇增殖造成的寡淡和升华倾向。从上引《中古梦游曲》和《夏天》来看，哑石和蒋浩都不在诗歌中设置核心词，因而对他们诗歌的解释也决不能像海德格尔读荷尔德林一样从某几个核心诗句或核心词出发。一切意义、滋味都必须从诗歌具体细节的上下文和整体语境产生，每个词都只能在与其他词的参照关系中获得定位，不存在那种静止的、自动获得意义和重要性的关键词。

无论是世俗主义的诗歌调味法，还是词的相对性立场，都隐含着对诗歌技术之复杂、全面性的要求。当代诗要处理世俗生活的繁杂面相，要深入相对性并从中淬炼诗的活力和可能性，显然需要获得强有力的技术支持。而哑石和蒋浩刚好是两位从事诗歌技术研发的专业发明家。除了各自独立对技术进行构想、创造和推进之外，他们有时也在相互之间或与其他当代诗人一起共享一些新的技术成果。诗艺之中那些能够被他人共享、学习和借用的技术，可以称之为“公共技术”，而那些与个体的独有风格特征不可分离的技术则是“有机技术”。这二者的划分并不是截然的和固定的，因为有一些技术在刚刚发明出来的时候是“有机的”，随后由于被广泛学习和采用而变成了“公共的”。例如，哑石《青城诗章》中的诉诸知觉饱满性和内在空间感的修辞手法是与整首诗的风格特征不可分离的，但后来被许多人学习而变成了公共技术。另一个例子是臧棣在“丛书”和“协会”系列诗中创造出的诗歌形态和其独有的句式、比喻方式。它们在创造之初当然是独门秘诀，但很快就在诗人群体中扩散和传播开来，我们可以从哑石《劝诫诗》（2009）与蒋浩《寻根协会》（2005）中看到臧棣的核心诗歌技术已经被其他诗人掌握到了何种乱真的程度。对于哑石来说，其诗歌技术的核心部分，从《青城诗章》开始一直在不断地更新、升级，与每一时期所要处理的诗学问题和所构想的诗歌形态直接相关。《青城诗章》所要处理的是在其神圣性中的自然，因而知觉性的比喻和内在象征成为了主要手法；《十首诗及其副本》（1998）处理的是城市中的隐秘生活，诗采用了将古代神话与当下日常性进行结构性对照的方式，谈话性的引文和互文构成的多声部和低语风格是其主要特征；但在2005年以后，哑石不再将象征或神话作为诗歌中独立的、冰山一样直接显露的部分，而是让它们溶化、稀释、混融到诗的所有局部中，这种打散了的神秘主义与日常性混而不分。可以认为，哑石在近些年的作品中的核心技术，是圣与俗、冥想与现实在诗歌微观层面的相互包裹与相互渗透，既营造出丰盈、华美的质感，又吹拂着生活的腥膻。这样产生的特殊感性有别于一般意义上的混搭修辞效果，正如前面所说，哑石的诗歌在很深的层面上被一种佛道气质笼罩，其修辞是自我拆解的，一边制造、又一边破除幻象——恰如“镜中花”，虽有“游龙戏凤”的幻化、变形本领，终究只是虚空（《镜中曲》）。尽管哑石在诗歌中也会采用公共意义上的“混合措辞法”，将古语与今语、书面语与市井口语、网络用语与外语词汇统统吸收到诗的语汇来源之中，且经常进行各种语气、语调、句式和人称的转换，但这些公共技术并不妨碍其诗歌风格的独特性和可辨识性，原因也正在于此。

与哑石相比，蒋浩有一种更加彻底、极端的技术狂热。蒋浩堪称迄今为止新诗历史中最具技术含量的诗人之一，他也是当代新诗技术的主要研发者之一。就诗歌制式而言，蒋浩至少精擅四五种写法或风格：海口时期（2002～2005）风景诗（如《一日将尽》）含海气的清明舒展，恰与新疆之行（2006）拟山形的炼句敛意（如《忆本布图村》）形成对比；《旧地》（2007）以短句分行形成的紧瘦精干，可相照于《游仙诗》这样的丰腴和骨肉匀停。咬文嚼字是蒋浩的乐趣所在，其中或许有槟榔的快感。在上文中，我将其招牌性的独门手法称为“语素关联法”，它是对谐音、同字词联想、对偶、双关、互文或用典、语义还原（习语还原为其字面义，如“雨湿之，毛润之”）、形象相似性联想、历史相关性联想等手法的综合运用。此外，蒋浩也不避成语、俗语、熟语、时髦语，在诗中不断对它们进行脱胎换骨的拆解、点化。在蒋浩之前，这些手法在诗歌中基本上都是零散和局部出现的，从未有人将所有这些手法以一种修辞的强力意志联结在一起并且大规模使用，使之成为诗歌的主要部分。试举上引《夏天》第15节为例。“文字藏在锦绣文章里，/蚊子藏在静修蚊帐里”是谐音和对偶联用；“流水席上巧设文字局，不如鸿门宴中长做帷幄梦”是用典和对偶，但“文字”和“帷幄”与前一句形成语义连接。“字硬如根，岂是随手可拔？/蚊硬如钉，岂是失手可打？”这是同字词、形象相似性、对偶、押韵（根和钉、拔和打）的混合。“假借蚊香就像嫁接了扇子，/扇翻了结党营私的扯犊子，/赶走了腐败滋生的拉条子，/满屋还是臭烘烘的专政之氤。”这是政治语汇与日常语汇的混用和互喻，其中又充满了谐音、对偶和同字词。下面的诗句将这些手法进行到底：“绿头党藏在苍蝇里打喷嚏，/粉头郎藏在红袖里吞口水，/个个都梳大背头摆剪刀手。”对偶，拆词（“绿头苍蝇”拆开），形象相似性，同字词（“绿头”、“粉头”、“大背头”），各就各位。最后，“明天苍穹之下见面如蒙尘，/如蒙不弃，如蒙手下留情。”这一句中包含环保公益片名（“苍穹之下”应为“穹顶之下”）与污染（“见面如蒙尘”）的互指，还有“如蒙”一词的三次在不同位置的重现。显然，这样一种靠修辞驱动的诗歌行进方式，设置了一个机关密布的精巧迷宫。其优点在于通过“距离的组织”能不断调动读者的多重经验和联想方式，但其弱点则在于会被许多人视为“失之雕琢”的匠气。蒋浩或许会这样为“雕琢”正名：对诗来说，技法即思想，技法即精神——不仅是苦吟的真诚、专注，更是练力如丝的精微。

哑石也常在诗歌中采用“语素关联法”，但其规模及在诗中占据的比重显然不能与蒋浩相比。《和平奏鸣曲》《风雷救市曲》和《中阴狂想曲》中都有不少对谐音的运用，甚至在前面所引的《中古梦游曲》中也有“从良”与“冲凉”、“叫唤”与“脚环”、“紫色”与“滞塞”相接的笔法。而蒋浩的《游仙诗》中也多有与哑石相近的出尘之想和摇曳句法，试读其中两段：

呵，南园在北边。角落如衣角触角，
解开水中静电的蕾丝，瘀石犹结。
蜻蜓点水像乌鸦往漂流瓶里衔石
问信。鱼儿穿过拱桥下发甜的倒影，
背上的幽黄，像是烟头烫出的小令；

不是词，是瓷上的釉黄。桃李披诗
挂赋，不让柳同，不输长廊玉远。
红木涂了红漆，榆木傻傻地深绿。

斜塔影正，锯齿边，像水剥开嫩笋，
把草坪分成不对称的，两瓣的：肺。
（蒋浩《游仙诗》第三首下）

可以看到，这些修辞技术的运用并不只是服务于细节和局部之巧，它深刻关联于诗人对一首诗的整体形态、质地的构想（在上面这首诗中是“园林气质”，以及从第一段的“动物性”向第二段中“植物性”的转换）。无论是哑石或蒋浩，混合措辞法和语素关联法都与其他一些整体性的技法（诸如过渡方式、多重声部和人称转换）密不透风地密不可分，作用于诗歌的总体节奏和气息变化。这正是诗歌技术的“有机”之所在：若无精深功夫塑成的全局掌控力和明晰个体面貌，所谓的“精巧”毕竟单薄。技术并非美学银行里发行的通货，而是要在个体的气息、体温中培育出与自身的契合度，且要在具体的写作中与灵机、时机相契合，能合则留，不合则舍。在这一意义上，哑石和蒋浩的技术都是专有的。

从上述两种相对性（时代状况的相对性与词的相对性）中，诗歌衍生出第三种相对性：诗之判断的相对性。这涉及到诗与“善”或“好”的关系。面对着时代、事物和人，诗人在诗中如何作出“好与坏”或“善与恶”的评判？何谓“善”或“好”？通常所谓的“好”只是“道德性的好”，而道德又执于自身立场而失之绝对。不难看到，在哑石和蒋浩的早年诗作中，“道德性的好”都占据了诗之判断的一部分，另一部分则是“美学的好”，但这一“美学的好”仍然是理想主义和绝对的。而在诗的世俗主义转向（当然对这一转向本身也进行了限制和反思）之后，无论是“道德性的好”还是“美学的好”都不再那么绝然，这是诗人对自身有限性的自觉。然而，如果我们把这两种绝对性的“好”都还原为“副词的好”，还原为一切人类活动中都可以包含的“做得好”，可能也并不足以承担起诗的任务。或许，我们所能和所应达到的诗之判断，它在字里行间所包含的对时代、事物和人的描述、分析、侧写和评断，都要在对各种视角、理由、情境、动机和原因的理解中得出一种“审慎的好”[①]，它既是伦理-政治性的，又是美学-修辞性的：

道德之冷，会将手指灼伤。
旧足迹，渐渐也是

① 这里对“道德性的好”、“副词的好”和“审慎的好”的区分，借用了图根德哈特的说法。参考图根德哈特：《自我中心性与神秘主义》，郑辟瑞译，上海译文出版社，2007年，第60~61页。

慈悲大雪下贫困者的
小经济，博弈于肉体之高效率
与假公正……其实呢，
我的夜莺，这时代，找到
称手的锄头，比怨言重要得多呀——

（哑石《小夜曲》）

这样一种对时代、道德和自我的判词并非是闪烁其词。“审慎的好”并不是悬置判断，也不只是怀疑主义和反讽。相反，其中包含着某种贞定或肯定，它肯定“灵台蕴良知”（《镜中曲》），以及某种“坚定的、彩虹般的意志”（《恍然有悟曲》）。尽管“审慎的好”总是在问：这是对于“谁”来说的好？但这种相对性并不导向相对主义，而是导向明智、现实感和对具体情境的关切。在哑石这里，时代的相对性并未取消“好与坏”的区分，它只是将这一区分延迟了，并且喜剧化了。正如哑石在《手艺的喜剧》一文中所说，这“旧瘪瘪的生活和制度”本身已经是喜剧。而诗的喜剧，是关于喜剧的喜剧。喜剧不仅是对相对性的暴露，更是对相对性的判断，它需要一种“从不真正服膺于制度”的喜剧态度。“喜剧必须是严肃的，有时甚至残酷得是制度的。”[①] 在《曲苑杂谈》这组荒腔走板的诗中，残酷和严肃都藏在深处，诗之判断也从未缺席。“太史公避讳这个结论：教诲之软，扛不住帝国之硬？//真相是：生于中国，你有台暗绿的冰箱。”（《摇篮曲》）这样的“结论”和“真相”，作为哄孩子入睡的“摇篮曲”的结尾，当然是荒谬的。但这不是存在主义那种紧张兮兮的荒谬，而是降低了声调的、被喜剧性冲和了的荒谬。

蒋浩也将这一时代的生活本身视为“喜剧”。在《喜剧》（2007~2008）这首长诗中，对世相种种的描摹、分解、冷嘲和热讽，暗含着他的判断。这判断首先是针对自己的，正如他在小题记中引谢灵运《初去郡》和《登池上楼》所云：“顾己虽自许，心迹犹未并。”“进德智所拙，退耕力不任。”借谢诗来述己隐居田园之志，无奈世事纷扰，智拙且力不能任，这是在自嘲。《喜剧》结尾则是对现实的判断：“或者是现实太原生态，/稍稍走样，就偏离/仁义礼智信的T型台。”[②]这妖娆又野性的现实，不受约束，其步伐总是偏离、走样，也不清楚那舞台上的五光十色究竟是“炸药”还是“照耀”。“仁义礼智信”这一古语的在场，暗示出某种伦理性的意图；但后面

① 哑石：《丝绒地道》，不是出版基金，2011年，第138~139页。

② 蒋浩：《缘木求鱼》，海南出版社，2010年，第168页。

跟着的“T型台”作为时装走秀的场所，又将道德判断的效果削弱。万物万象都从这个T型台向我们走来，接受观者的评判；但观者的目光，混合着色情、道德、政治、美学和颓废，又如何能对其进行恰如其分的评判？无论如何，我们需要更多的反思和审慎，借以既摆脱道学家的伪善，又摆脱看客在T型台前的评头品足。在这一意义上，诗的判断是“对看的看”，第一个“看”乃是日常剧场中上演的喜剧的一部分，而第二个“看”则是从T型台的剧场效应中摆脱出来的反思性的知。蒋浩和哑石都向我们充分呈现了日常生活的兴味、腥味和新味，但他们并未在味中沉溺。他们的谐趣，无论是通过谐音、谐谑，都不只是文字或修辞的快感，而且包含着对帝国之硬和生活之软的理解。喜剧，又称“谐剧”，它的作用是在谐趣中获得人性和世界之知。这意味着，诗并不止于快乐，而且是一种快乐的知识。

2015.6.2，昆明

诗选 Selected Poems

游离：水墨雕塑系列036　53cmx38cm　2015

多多诗选（8首）

入屋

但屋在何处
如无终极，就不必寻找

光，大声应着
门后无世界

门内无人
尽头无物

无物才有底
门，是必开的

再次入屋，不为居住

词间人世，一桨一浪

平抑呼吸起伏的水面
万世帆角展现

纸上碑林，静之方圆

触及无期比例
交付平衡之底细

危塔垂柳，孤身众星

一瞬，不怨到来
一击，不早不晚

大船斜雨，黑夜人心

过刀劈之水，无形之门
一劫，全在断语之间……

铸词之力

在力之外，在足够处
持续，是不够的幻觉

光，是和羽毛一起消逝的
沉寂是无法防御的

插翅的烛只知向前
至爱，是暗淡的

这是理由的荒芜
却是诗歌的伦理

需要梦与岸上的船合力
如果词语能溢出自身的边际

只在那里，考验尽头的听力

这是一条没有记忆的河

仅让必逝的流动
河若载义，便无法流去

把路交给它
跟上这流动，这安顿

石头开始唱儿歌
母亲已化为山林

从这不归的地点
已能听懂河流的讲述

归于归来

天上无星，桥上无灯

一幅山水，行至自身的边缘
一些似烟似魂的影子，仍在移动

如梦之暗设，古琴躺在箱上
拨它的手，早被斩断

自源头警醒，上一个客人
留在桌上的刀痕，仍清晰可见

破碎时段，要你为
失语世界的轮廓继续弹奏

流逝的顶点，要茶座内的沉默者
就这样解读自己的心

一阵往昔的读书声，把你
从镜中拉出来

谁牵你的手，也就
牵住了一条无人认领的河流……

没有另外的深处

在追悼者的老地方
只留下那些坑

是坑也是碗
深处，不再关闭

最底层的不是土壤
甚至不是埋葬

追悼，便总是朝向前方

在我们称之为途中的一点

梦与叹息已融为一体
喧嚣与沉寂都无法归于传奇
有伟大之词语就必有伟大之歇息
矿石中昏迷的远古仍在低吟

守住这必有的，必无的
沉睡与警醒一直在一起
从未结束，因从未开始
你，扭过脸来

你扭动了几千年

两　者

爱以内没有学校
既无法萎缩为理解
也不会积攒意义
爱，体会不到减少
更不知何为多余

而虚无有如此重负
如此沉重，又毫无重量
已是尽头，却不止于死
它不容虚构
只叙述这无事

两者，都无愧于万物

黄灿然诗选（15首）

艺术与生活

艺术与生活之间
不存在平衡：
你要么以生活为中心，
生活然后死去；
要么以艺术为中心，
并且可能也只是
生活然后死去。

绿　道

我沿着村口的绿道
到山下的溪涌市场买菜。
我感冒还没全好，
鼻子里隔一个小时
半个小时
就会塞一坨鼻涕，
不擤不快。
回来的时候，
我一路想找一个脏些
乱些的地方擤鼻涕，

但绿道是如此干净，
靠山的一边长满如此多美丽的花草，
另一边的公路也如此安静和整洁，
我只好从身上搜出一块手纸
把鼻涕揩了，
然后塞到最脏的地方
——我的裤袋。

慢

我下山买菜的时候，
注意到公路边一块交通指示牌
“慢”
被一棵小树的枝叶遮住了。
我很想走过去
把枝叶往指示牌后挪一挪
免得小树将来被砍，或枝叶被剪，
但又想如果挪它，它一定会难受，
而我又不能告诉它
这是为了它将来好。

壁　虎

昨夜，面向阳台的窗框凹缝里
藏着一只壁虎。它似乎还很年轻，
一对小眼睛充满好奇。我担心
会在下大雨关窗时
把它碰死撞碎，就拿来一个空烟盒
楔在那凹缝里，以提醒自己
关窗前要先察看它在不在那里。
今夜它又出现在窗框附近，
而且在注意到我在注意它时

躲到凹缝里去。我想把它赶出凹缝，
但它哪知道我打的是什么主意。
它在凹缝里跑来跑去，
最后把头钻到凹缝的角落里，
以为它看不见我
我也就看不见它！

老　宋

老宋在山下一家餐馆打工，
他是梅州人，常常在傍晚拿张凳子
在马路边闲坐，我经过时
总会跟他聊一会儿。
他有两个儿子，都已出来工作，
老伴替大儿子照顾小孩，
他自己出来打打工，
主要不是为了赚钱，
而是没事做太闷。
他说这人生哪，逃无可逃，
去无可去。他原来戒烟了，
太闷了又恢复抽烟。
每天傍晚四五点，他会去附近海边
独坐一个小时，虽然同样闷
但毕竟像监狱的放风场。

舍不得

潘先生说，在洞背村
夜里太舒服，
舍不得睡觉。
我呢，白天太漂亮，
舍不得工作。

狗兄弟

对面楼一只黑狗
不知何时爬上了院子里
那面陡峭的斜坡顶
在毗邻农地的围栏底
寻寻觅觅。当它准备往回走
它显然被自己刚才爬上来时
并不觉得陡峭的斜坡吓了一跳，
愣在那儿，不知道该如何下来，
尤其是斜坡荆棘丛生
（前几天，工人从斜坡爬上去修围栏时
我注意到他们是系了安全绳的）。
它小心翼翼，蹑着脚往下移，
这时院子地面上一只黄狗，
显然非常紧张它同伴的安危，
一会儿像要赶上前去帮忙
又苦于自己帮不上忙，一会儿
急得团团转，一定是在替那黑狗
捏一把汗。黑狗慢慢挪下来，
一蹦脚，消失在一片浓密的荆棘丛里，
有几十秒没动静，我也替它捏了一把汗，
黄狗则伸长脖子望着。
终于，黑狗出现了，回到地面上，
两只狗高兴地摇头摆尾，
互相推搡着，往屋里小跑，
有那么两三秒钟，黄狗
把一只手搭到黑狗的肩上
——如果我不是看见全过程，
一定会以为它在发情，
想骑上黑狗。

水龙头

我每天都提着
一红一蓝两个塑料桶
到村口路边那眼
用塑料管引出来的山泉
打水，每次打完水
我总是习惯性地
想顺手关掉
那个并不存在的
水龙头。

车主们

我相信，只要我坚持不懈，
必然可以在一年半载里
在洞背村建立搭便车的文化。
我确实也很努力。有一次
我坐便车下山，车主
是一位住在盐村的装修师傅；
另一次下山，坐的是村里一对夫妇的车，
他们正要送读书的女儿到城里去实习。
有一次上山，坐的也是一位装修师傅的车，
车里已坐满工人，其中一个说
是因为看我年纪相当大了，
才让我上车，如果是年轻人
他们才——我猜，他是想说
才懒得去理会，或才不敢理会：
怕打劫！另一次上山坐便车，
车里人要到农场餐厅吃晚饭，
车主说其实他在村里也租了房子
——但不常来住，听他口气。
另有一次坐便车下山

是在路旁那眼山泉边：
车里人既不是村民，也不是来吃饭，
他们从山下开车上来
纯粹是为了让车主的小女儿
用清新的泉水洗个脸。

报信鸡

下山经过洞背泵站，
看见一只母鸡在大门口附近
一边觅食，一边翘起尾巴
警惕地看着，我想是在看我。
我站在离公路路面一两米高的绿道上，
隔着绿道铁栅，嘴里发出嗒嗒声，
跟它打招呼。它奔向大门铁栅前
来回快步走着，发出一连串嗒嗒声
——你一定以为，就像我最初以为，
它是在兴奋地回应我。
才不是呢，它唤来一条凶狗，
那条凶狗不知怎的
竟能一下子穿过大门铁栅
越过路面，朝着我狂吠。

泥壶蜂

最近，在通往阳台的门边墙上，
一只泥壶蜂做了一个巢。
由于要回香港两三天，
所以我窗户都关牢了，
但筑巢蜂出入的阳台门
我决定不关：它显然不知道
有人可以左右它的命运，

还每天观察它的动向，
就像人，也有更高的存在
左右他们的命运，只是
有些人相信，有些人不相信，
但不管相不相信，都没人
可以证明。就说蜂跟我吧，
我们已打过照面，但它
显然不把我当一回事，
我知道我可以左右它的命运，
但它不仅可以不相信我能这样，
而且还可以证明我不能这样，
因为我确实不想这样，
也不想证明我能这样。

二姐夫

这次我回香港，是为了帮二姐
打理二姐夫的丧礼，负责管账。
二姐和她女儿看上去相当平静，
这我很能理解：她们该伤的心
都已被他伤透了。他一生简单：
打工、赌博、向大耳窿借钱，
在债台高筑时由二姐来还，
如此一次又一次，也一次又一次
向二姐求饶。有一次他被追债，
又不敢说，竟然神经紧张得
中风了，脚变瘸了，但过不久
又一拐一拐去赌博。他给二姐
最后和最大的打击，是他患肺癌了。
二姐辞掉制衣厂的工作，专心照顾他。
我曾跟她说，她这个决定，
就像她从前的决定，是对的，
因为这样一来，她以后就不会有遗憾。

看来，她现在没有什么可遗憾的了。
但他呢？他其实也没有什么可遗憾的。
因为很多体面地过活的人，
也只是体面地死去罢了，
就像很多体面地死去的人，
也只是体面地活过罢了。

无知者

我安慰说，他们都是无知者，
而无知者无知无过于
不知有知者有知，
不知他们是有知者的一部分，
而有知者不是他们的一部分。

深　情

我们村口外的绿道入口处
设有一个阻止汽车进入的路障，
最近看守入口的
是一个五十多岁的男人，
穿迷彩服，脸色温柔得
使人心软，尤其是当我看他
如此疼爱淘淘：他摸它的头，
和它握手，把脸颊贴近它的脸颊，
跟他说了很多话。当他不在
他那个临时搭起的遮风棚里，
而我们又正好路过的时候，
淘淘总要兴高采热地跑过去
然后在看不到他的时候
显得很失望，它是懂得深情
并充满深情的，要是你也看见

它在失望之余依然挂着
天真的笑脸的样子。

立　春

溪涌沙滩，仍像整个冬天那样
人疏客稀，一两个拍婚纱照的新娘
也显得荒凉。阳光微薄，浪潮细小。
但大地已动了起来，在深处。

我也是，依然戴着同一顶毛线帽，
穿着同一件厚棉袄，形瘦影孤，
看上去很寂寞，像个飘零者。
但我也已动了起来，在深处

——动她。

沈苇诗选（8首）

高速公路上的雾

雾中，陷入无穷的模糊回忆
前和后，混淆了，看不清
仿佛一条长舌，从沉默中吐出
缓缓拖过早晨，舔着
积雪的枯冷旷野

这一截高速路比平时走得漫长
臭烘烘大巴，沉默无语的乘客
每个人回到自己，落座于
一具“他”或“她”的躯壳
生硬，颠簸，如一粒粒石子
即使颠簸成为动荡和跳跃
石子也不会变成珍珠
每一个一，被雾的一切
包围，皱眉饮下雾化的毒奶

音乐颓丧。沉默在持续——
鼻涕虫婴儿睡着了
一位老太太终于忍不住
嘀咕一句：“啥时才能到啊？！”
她去东戈壁探视坐牢的儿子

而我，埋下头，抽了口电子烟
为今天的大雾，再增添一点雾

驶出噩的制式：一种弥散状态
肺的解放，带来身心的舒展
白杨雾凇，少年般挺拔
宁静，晶莹，透亮
像一种久违了的愉悦
一天才刚开始，锈红色太阳
懒洋洋躺在地平线尽头
我得眯起眼睛，才能慢慢适应
这枚硕大而近在咫尺的恐龙蛋

格则勒①

风平浪静的人变得如此易怒
好像体内有全本的水浒

刚刚做完爱的人，和一生都
没有做过爱的人，汇成街上人流

人群分野，于两个河道流淌：
同族的和异族的；安静的和警觉的

孤独人在人群，如一粒沙在沙海
监控视频录下空旷，一些虚无面容

世界快不如人来得快，90后一恋爱
就成了老夫老妻，步履有点蹒跚

资本瞄准丝路上空的云
怒射。名曰：人工降雨

意识形态骑手来到荒远村庄
标语上展开两种敌视的语言

可怜人，将心爱的母语藏进诗篇
像农夫在墙旮旯藏了点过冬的劈柴

结痂的伤口有点痒，反复提醒：
吃喝拉撒睡，已成日课的日课

生活教给我们技艺：给新鲜烤肉
撒些孜然，给变质的撒点辣椒面

一场虚构的厮杀跳过报纸、网络
落在大盘鸡空空如也的大盘上

一场远方灾难叩问身边莫测
那么轻，像尘埃落进尘埃

让我们去觅食，继续吞咽人间
这些碎石、铁钉、泥渣、沙粒……

一边剥开流血的石榴
一边舔净生活转盘上的残羹冷炙

注①：格则勒，维吾尔语“两行诗”

冬天的儿童公园

没有儿童，只有丢失的
童心，来到这收容所
请荒凉和空旷笑纳

鹤发顽童，骑木马
在雪地上奔驰、奔驰……

一个观察

祈祷，为了请上帝不要丢失自己
做爱，证明了暂时的存在感
因此，祈祷和做爱的人越来越多

在素食主义者的简餐
和肉食主义者的饕餮之间
留下我们时代口味的塌方区

且慢，早点已抹了辛辣的芥末
午餐和晚餐之间，主妇们的厨房
涌进胡椒树、花椒树、辣椒树……
辛辣，足以使人忘记早年的寡淡

日常性屁颠屁颠的。泥泞的他
每每都把那个出神的自己领了回来
上帝需要在星光和泥里同时辨认
向着日常的还乡，莫非就是
任性神游的保证？

祈祷诗

1
每天，需要一个攸关性命的时刻：
像一叶扁舟，驶离一双发臭旧鞋
像漫游者，带着内心强劲的马达
并且要热爱遗忘，祈求被人遗忘
这样，你就从被裹挟、被损害的
日常生活中，赢得了自由和想象！

2
不是鸽子凯旋，而是羔羊没有死罪
不是刀斧锈蚀，而是炸弹变成哑弹

不是父亲健朗，而是母亲抹去眼泪
不是上帝在场，而是魔鬼忘记交易
请不要老哼哼我啊我啊，要想一想
世上同样忧虑着、祈祷着的他和她！

正　午

正午，天地宏阔
阳光多得令人犯愁
这般羞愧啊
如此专注于个人的痛苦
在大地微微漾开的
宁静的动荡中

迁徙者

迁徙，从水做的床到沙做的榻
途中遇见雪峰、女人和羔羊
一个流浪人，躺在天边野桑树下
这永无回头之岸的漂泊

迁徙，从沙做的榻到水做的床
途中穿越尘土、废墟和墓穴
一些骨灰，被风吹到毁坏的故乡
这永恒的每日每夜的回归

迁徙，是迁徙者的随身家园
你说，到哪儿都是异乡人
在哪儿都要学会与自己相处
空间的穿越、切换和并置
诞生迁徙者沉默的言辞：
一个大陆隐秘而斑斓的梦

爱鸟市[①]的10大理由

1

多一点是“鸟”
少一点是“乌”
白天是“鸟”
晚上是“乌”
翅膀扑棱扑棱
翻卷昼夜晨昏

2

有人在内心驱逐了狼
有人收容狼的孤独悲伤
有些狼善于长啸
有些狼叼着羊耳朵
用尾巴，将它们
带向草原或床榻

3

领着牧羊犬溜达的男人
将红山公园当作牧场
领着黑羊赴宴的女人
有一双羔羊般的眼睛

4

在阳台种兰花的老者
抬头看见博格达白发
忽然感到自己年轻了许多
仿佛岁月的葱茏又回来了

5

博格达慈父一再原谅
雅玛里克的牛魔王
二道桥的游荡者

图书馆的尖埃
圣训里的错字
电视里的连篇废话
下水道的咯咯笑
一再原谅
一张张年轻时凶悍
老了变得安详的脸

6
着迷于这般分裂症：
身子挣扎在鸟市，心
升起为一枚天山明月

7
看过马达汉老照片：
南门的泥泞
屋顶上的腌菜缸
此刻手里这棵大白菜
有了沉甸甸历史感

8
不请自来的白雪
微微压弯树枝
不请自来的阳光
在姑娘们裙裾上跳跃
至少这两点
你不用为它们操心了

9
从东山公墓往西看
看不见异族和同胞
只有寂静的生死
无限的轮回……

10

晨安，鸟市
晚安，鸟市
一天能够两次请安
已是多么奢侈！

注①：鸟市，即乌市、乌鲁木齐。在报纸、书籍等印刷品中，编辑、校对稍一马虎，乌市就印成了鸟市，乌鲁木齐则成了鸟鲁木齐。出了错的人，通常要受到批评并罚款。而在日常口语中，用鸟鲁木齐来指称乌鲁木齐，用鸟市称呼乌市，不会犯任何错误，它是一种幽默而不是禁忌，给人们带来会心的快乐。

庞培诗选（7首）

买了一堆新书

买了一堆新书
陌生人。爱情，花园里的侦探
未婚妻——窗外落雨
这些雨是作者、书店橱窗
这些雨是书籍装帧、编辑、字体
设计师
有时是印刷厂的纸浆
我明白我在一个什么样的星球上
我明白一个刺骨的雨夜不可读
寒风吹来会有什么样的声音
只有堆在桌上这些书好像暂时不懂
一本本，朝我脸上
吹拂全新的呼吸
它们用全新目光看我傍晚的居室
表现出某种兴奋笃定
作者、读者、时间
构成称之为人生的内容
美丽、费解、极尽荒谬
——从雨中来
从雨中获得了重生

完全冷却之诗

突然我想起窗外被毁灭的城镇
在锯板机声音里
一滴雨落下。雨滴
尖锐的齿轮

岁月之锋利。岁月也在其中
增加火车进站时机车头的分量
大楼空空的矗立
怪诞的图纸

这画笔。这些会议。这么多人的
唾液。许许多多日子，沙砾般
扬起，又纷纷落下，除了痛苦
枯燥，人一无所获

那些湮没了的街市古巷
我每天记一个名字，又遗忘一个
再记，再遗忘——于是成为了
死亡和雨滴的单调的重复者

最终，像这个下午——
我的舌头觉得乏味
并发苦，好像从遗忘的玄武岩层
渗出一滴冷泪

午　睡

有一天中午我回家。她不在
我自己做饭吃，用的是蜂窝煤
房子静悄悄
我坐下来看书

阳台晾着她洗的衣裳
小短裤，内衣。地上
她的凉拖。她吃饭用的碗
在原来的位置

我晒太阳，吃茶
抱着枕头回床上
在她睡觉的被窝躺下来
搂着她的梦入梦

世界空荡荡
寂静。简陋……
仿佛多年前的中午……
我回到家。她不在

捣衣歌

……四十年前，妈妈在河滩洗衣裳
沿河人家，每隔十数户
有一个淘米洗菜的码头
街坊邻居隔着码头说话，聊家常
隔河相骂、唱歌
搓衣板，木盆，桶……
我有四十年没看见桶里的水了
同样，有一天经过已成废墟的旧城
我什么也不记得了
只听见河滩的捣衣声
从东往西，自南向北
感觉废墟里仍横亘着寂静的石码头
妈妈下河滩，恍若登月
恍若月球表面的荒凉

融　雪

天气好得像新晾的床单
床单还没晾出去，还在盆里
妈妈在卷袖子，大声喊
她九岁的小儿子
木盆是她做新娘时的嫁妆
小儿子在晾衣绳下玩耍
风像快要结冰的河水
泼了母子俩一脸
各取床单一头，使劲绞水
旁边一月的乡村，县城远郊
明晃晃的河道。平原正待融雪
土地接近开春
木盆夹杂着冰碴，俩人抬不动
母子俩都使出吃奶的劲
多年后那孩子长大成人，妈妈
已不在人世。他从一月的空地经过
从记忆湿淋淋的
大面积阳光下，探出一张
少年的脸

飞　雪

半夜
穿过黑暗潮湿的小区回家
头顶着雪花
想起一首诗。想起你
刺骨的寒风，独自
无声的走路
仍跟当年相似
我俩好像仍在不远处的空地
雨点般的雪最初的吻和惊喜扑面袭来

雪加深了当年的印象
当我回味熟悉的拥抱
走进空旷的停车场
走向楼道、电梯——
今夜，你的美丽
只剩下了漫天飞雪

枕中记

穿过黑暗的冬夜
我独自走向我的卧室
把看了一晚上的叔本华、奥登
丢在书桌，丢在身后
感觉像是把火炬熄灭
在山洞
而那些远古的诸神
驰骋旷野的英雄们
带着草木和星星的寒意
纷纷聚拢到
荒野村郊，尝一口春雪

李德武诗选（6首）

时　钟

在眼球里，三匹马沿着瞳孔奔跑
幽深的隧道没有尽头
光到达时已经变暗，没有温度

我眼睛肿痛，隐约看到一座陷落的城市
从海中浮现，那些曾经消失的人们
纷纷回来，在钟楼的尖顶上饮酒、赋诗

他们头朝下跳舞，仿佛他们的脚悬挂在天上
他们身体的摆动搅起潮汐
激荡的水，最终又带着破碎的浪花回到原点

密　谈

1
我把我的世界向你敞开，东西南北上下的世界

你处在悬空中，但这是危险的。你感受到洪水了吗？
雾霾在聚会，策划一场暗杀，四周是一些看不清的脸
我说洪水，请你当心洪水，当心每一个说话的人

没有人说话，在地铁里、路上或机场，甚至葬礼上
人们低着头看手机，莫名的表情已经不像一个人

你也在其中，你正被人流裹挟着涌进地铁入口
你可能在选择去向时迷惑，因为地铁是对向开的
列车朝着彼此相反的方向，又总是在同一站台上相遇

我不确定是否需要滚梯，但我在下降、下降

滚梯不停在转，地狱离阳光最深不过30米，你还会上来

我不确定你的话是否真实，我看到有的人留在了地下

那是个别人，那是一些昂着头走路的人，他们因为寻找星空
所以不慎跌下轨道，当然，也有被挤下去的

地铁，地狱，地下工作者，我是谁？我为什么也在这里？

你是我的密探，你是我的贝德丽琪，你是我的眼睛！

2

我闻到了薯条、汉堡和葱油饼的味道
这就是洪水的味道
我闻到了麦克风里传出的狐臭和脂粉的味道
这就是洪水的味道
我闻到笑声中的轻薄和复印机散发的墨粉味道
这就是洪水的味道
我闻到罩在塑料下面树木腐烂的味道
这就是洪水的味道
我闻不到空气了，我闻不到自己的气息了
这就是洪水的味道

3

我已没有资本挥霍时间，这美的世界，我选择逃离
在一个僻静的地方坐下来，就这样打坐、冥想

检点自己，我比任何人都更需要了解自己
当我沉默，我才开始真正的交谈
每一天都十分紧迫，识别碎片，并接受他们，我不再完整
我穿行在语言的空间里，权力的、非权力的和真空的地带
我避免落入自己设计的圈套，这样很好，就这样吧
接受遗忘和忽视，没有任何企图就不会失望
世界已经不再完整，星云吞并星云
我们处在云团的吸附和自我的裂变之中
随时可能被撕裂、吞没，以致毁灭
死不是终结，死是能量的转换，成为另一种能量
我需要这样的力量，在伤害和苦痛中完成蜕变
在安静中寻找歧途险境，发现未知和新生命
诚实写作，尊重本心，而不是设计本心

4
你徒劳地忧伤，试图让背上的筐盛满海水
你游弋在正解和谬误之间，像一艘受困的船
你把自己带到孤独的高地，以面对自我的方式面对世界

现在，我把我向世界敞开，没有秘密

大雁塔

我先看到大雁，之后见到大雁塔
看大雁时我站在地上朝天空仰视
到大雁塔我站在塔顶朝大地俯视
大雁南飞了，那个冬天我在原地度过
大雁塔还在西安矗立，我却四处浪迹
很久以来，我读过一些关于大雁塔的诗
也读过玄奘在那里晾晒的经书
我发现大雁还是大雁，大雁塔已不再是大雁塔
有时我原谅自己的短视，就当没看到
那些背着大雁塔四处游走的人

裁 缝

我的窗口对着裁缝铺
每天裁缝量体裁衣
无数的人，无数的肩宽和腰围
剪子履行它的使命
剪子不需要思考
所有的剪子都差不多是简单而粗暴的
裁缝握着剪子，熟练到
好像它就是自己的一只手

醉

烂醉如石。腰杆凸出路面
拌大摇大摆人的脚
伤不致命。酒话到痛为止
装醉并不稀奇，不喝酒塔就倒了
让那些登塔的人白跑一趟
事不分善恶，人不分男女
烂醉就像石头一样睡着
保持硬度，腰杆凸出路面
拌大摇大摆人的脚

野 渡

无事可做，就野渡。把一张纸
撕成肆虐的洪水，用一根牙签造独木舟
（按照古人的路线出发）
孩子要求同行，但童言无忌恐说破秘密
精心谋划，一生就干一件事
这多不易！坐在桌前面对碎纸
总感觉河流还不够荒凉

谷禾诗选（3首）

暴雨记

这真是我喜欢的时刻——

一场暴雨席天幕地，但没有谁被击溃
小伙子们
在烂泥塘的草地上拼抢
但暴雨已黏合了他们的眼睛

看台上的人群
雀跃，载歌载舞，一刻不停下来
体育场之外
更庞大的雨水。雨中奔命的行人
划动双臂游泳
像一群群美人鱼，女孩子和她的妈妈
轰鸣的汽车
犁开水浪喷溅在男人们身体上

而去天堂的父亲
也在雨水里反身，在一群湿淋淋的雨披中
精光头颅
仿佛孤独的国王

书案上，袅袅的茶香
凉了下来
你看不见我雾气缭绕的脸。你看不见——

一场暴雨
把天与地缝合了，一针一针地
明亮而密集

你看不见白昼的闪电
一座城市
废弃的城墙，以及钟的秘密心脏——

踢着落叶

夜色里，长堤上的天空
隐现几颗星子
相隔多日之后，我又走来
看高壮的杨树，脱尽了密实的叶子
枝杈上的鸦巢裸露出来
像一颗颗黑的果实
我走在树下，从一棵到另一棵
听干枯的落叶
发出沙沙的喧响
陪伴我的女儿，有更快的速度
更愉悦的心情
在我的前边，折返来回
激起落叶更大的喧响
她身体溢出的光，恍惚照亮了
这幽暗而逼仄的路
有一瞬间，我甚至想喊住她——
在时间的某处定格
脚下这些落叶，夏天时
也曾遮没了头顶的星空

但现在——，我反复踢起它
没有悲欣，也不落寞
和女儿一起，走在漫漫长堤上

故事，或夜晚

酒喝到菜凉，法官说，请安静几分钟，
让我讲最后一个故事——
……十多年前，有一个独生女子，22岁，
干净，小巧，总带着笑，从不高声说话，
我的同事爱上了她，一年后，他们谈婚论嫁，
一起装修她家的小楼，置办家具，照婚纱照，
结婚前的一天，他却消失了踪影，
她疯了一样找，从小城到邻省。她抱着婚纱照，
哭个不停，报了案，反复登报，电视寻人，
我的同事，人间蒸发了一样，不见踪影，
那一段时间，在小城，茶余饭后，人们总谈起
那个女子的痴情，感叹人生如梦。
创伤逐渐平复后，她顺理成章有了新男友——
一个很普通的小老板（在我们那儿，
小老板遍地都是，这并不说明什么。）
他的父母，朋友们，以及我们这些同事，
渐渐淡忘了他。她也结了婚，婚后的日子
平淡如水，第二年，她有了孩子，
一晃过了十年。十年间，变老的是人，
长大的是孩子。她八岁的儿子，独自在家玩耍，
一个人爬上了阁楼——
阁楼落满了灰，蜘蛛网，杂物，几件旧家具，
小孩子的目光最终停在了角落的木箱上。
他试探着过去，小脸儿憋得通红，
使劲掀开了它——一具完整的白骨，呈现眼前。
小孩子跑下阁楼，拿起电话——他没打给妈妈，
而拨了110。警察赶来了——你知道的，

报应来了，她落了网。我们停了筷子，
等法官说下去——所有人都不解，一个弱女子，
为什么在婚前最后一天杀了男友？
又如何与一具尸骨
生活了十年？法官清了清嗓子
继续说，她家楼后的马路，曾是一条臭水沟，
没人把臭味和失踪者联系一起，她那么爱干净
总喜欢在每天夜里，等家人睡熟后
再从床上爬起来，把家里每一个角落，
都拖得一尘不染。但谁会把这举止
和杀人联系在一起呢？都说她太爱干净了。
我去看守所提审她，见到我，
她略见羞涩，带着笑。在法庭上，她承认杀了人，
但对“为什么”却坚守沉默。我爱他，
她反复说。送她回去时，她把一个扣子交给我，
让我转交她的丈夫，说案子了结后，
她还要缝回去——一个奇女子，她从没想过
以命抵命。而且她临危不乱，
多么周严的棋局，就下错了儿子这一步。
法官说，凶手并不如大家所想的样子，每个人
都可以是凶手，都有成为凶手的潜质
和可能。至于为什么，只有天知道——
那么来吧，法官最后说，让我们干了这杯，
以纪念这次聚会，并把多彩的生活过到尽头。

南野诗选（7首）

黑鸟之友

我把一只黑色的鸟视为朋友
我打开窗户时发现了它。天空明亮起来
那苍老的面孔开始俯视。鸟的翎羽更黑暗了

我的头发日益松软，就像下午时的心境
我依然会困倦，对春天敏感
像远方国度的乌鸦掉落一支黑翎
我想说这就是2015年春天剩余的时光了
高速公路隔离带边一条狗在犹豫
我飞驰而过

黑白表演

准备好猎杀鲨鱼了吗。或者，准备好睡眠了
不是钓一条快乐的鳟鱼，不是捕捉蝴蝶
需要睡得更为深沉。沉入那广阔的海洋

雷暴制造了另一张天空，闪电给予灯光的效果
这之下是无声的黑白表演

而这些终将一无所获的悲惨的演员们
我们在观看着自己。戏剧中荒诞的崇高之刻

我要把酒瓶塞入裤兜里，走上街头
在高架桥底睡眠，整个上午盘据于公园的长凳
阅读拉康与福柯。我虚构了自由

眼前物象

沙尘在暴雨之前袭击了街道
兴致勃勃的步履。我得把忧虑掩盖起来
我注视着天际逐渐暗下来。但不是每一天
植物们蜿蜒成长，但有一部分以抗议的姿态
枯萎而死。那是我收藏的

临街的店面有美丽的女孩和笑容
我把这看作无与伦比。就这世界的存在来说
不知大脑为何保存了我未曾阅历的景象
仿佛梦境的提供。已无法令人吃惊的世事

而那些女人的眼睛化了浓妆，如此深邃
美丽是附加的成分。她们涂画出某种经历
或者她们的眼睛像经过灰白墙头的黑猫
　　快乐随风而去。忧伤永存
我记录了梦中的光影，并与眼前物象逐一对照

沉入浓雾

扫地机器人结束了工作，芦荟在疯长
雨季仍在继续。我清洗了数日积聚的脏衣物
自制午餐的面汤内有牛肉块和葫芦切片
窗外传来钢铁坠地之声：汽车的呼喊

街道，房屋，无目标的行人，任何时间
愤怒，烦躁，绝望，哀然，但未及悲伤
放弃，奔逃，恐惧，叫喊，而后沉静
而后微笑，沐浴，上床，沉默与想念
或者在飞翔，在勃起。我似乎在描述着当下

但另一方面：山峰，河流，阴郁的天空
未知的行程。现在该决定去往何方
（谢谢人生，如此诚实的表演）
另一方面高速公路已沉入浓雾。车辆消失无踪
　　那就是幽暗森林，低语着："进入"

途经黑暗

墓园是一个可笑的处所。我想
被装饰得如此平庸
难以相信此处掩藏着巨大的黑暗
我面向树林，空气从未像此刻这样凝结
我的呼吸急促了，如鱼搁置于河滩
我朦胧看到水面的天空，一时间如此绝望
并且此时街道上粗劣的叫卖声已加入静谧
而黑夜变得更黑

我"不是由你们的死亡来明确定义
但由你们的生来廓清界线"

一分钟暴雨

某个下午，我看见一些死鸟悬挂在电线上
羽毛和喙都像黑夜一样黑
（这是一具身体，我触碰到。她有了活力
当手指离开。她像死亡一般沉寂）

我经历了一分钟的暴雨
巨大的雨滴仍然停留在车前窗上
一团鸟粪像落叶飘然而至。我如梦初醒
或许我们一时达成了谅解。自然和我

奔逃的公牛

把身体放置在白色背景前
如飞机航行于蓝天：一路轰鸣，无人倾听
无助的自由。犹若无意识之旅

我是一头奔逃的公牛，可以保持自由三个小时
我跨过栅栏的时候，一只绵羊正注视着
而这个人自称是失明的老虎

代薇诗选（6首）

徽　宗

精舍 美婢 娈童 骏马 华灯
他把花鸟认作前生
不耐烦社稷，朝政不过是另一场宴饮
“皇帝在一个玩童的身体里哭泣”
江山不及一张宣纸有趣
他喜欢朱料写在
蓝灰色纸上的奏章
而“青瓷是消极，退淡，冷遁的”
这是一个高音
宋代的工匠奉命用地上的泥土
烧制天空的颜色
它在眼前了，你还是觉得远
人迹罕至，
飞尘不到的地方
美如迷失！

落花乱

树下闲坐，
头发衣服上飞絮落花

一场浩大的叛乱
英雄必须冤屈，美人必须夭折
而时间，必须浪费
内心的尺度，在我看来是另一种东西
它由对时间的态度衍生而来
“许多时候它是足够的下午和足够的闲暇”
春光的无用与恩宠

那　时

那时
树木健在
大地安详

那时
山中住着神明
祠堂里供奉着先人

那时还相信有鬼神
有来世，有因果
相信一切皆有宿命

那时，岁月静好，
星河灿烂
就像洞房里摔碎的喜事

佛　说

无论遇见谁，
都是生命中该出现的
没有人是因为偶然而进入你的生命

你所经历的事
不可能以其他的方式发生
即便是最不重要的细节也不会

无论发生什么事
都是唯一会发生的
而且一定要那样发生

世间一石一木都有安排
即便它不符合你的心念与盛放

不管事情始于哪个时刻
都是对的时刻
每一件事都正好是在对的时刻开始

已经结束的
就已经结束了

没有任何一片雪花会因为意外落在错的地方

旋转舞

目眩时更要旋转
自己痛不欲生的悲伤
以别人的悲伤就能够治愈
——此乃亚瑟王的秘籍

低回，婉转，蔓延不绝
世界的本质是天旋地转
过去即他乡
“此刻，不过是伪装成现在的往昔”
摊开掌心你看见
一只黑鸟疾速地穿过两三个行人

总有一天

我们之间，
是一个朝代
两座城池
四光年
半厘米

我不能永远保证记住
甚至都不能保证忘记
总有一天，总有一天
你的生命中
将再也没有我的消息

沈方诗选（6首）

耳垂

看了一些人的相片，
我注意到他们的耳垂，
左边，或者右边。
我想起他们各自的身世，
可知的和不可知的。

还想起一本相面的古书，
尝试理解形状不同的耳垂，
厚重的，或者单薄的，
而我们的一生，
总有几件注定了的事，
我们事先一无所知。

现在你当然不会相信，
一个人的耳垂与人生，
存在不可更改的关联。

我也不相信，可是我希望，
能够从并不存在的关联中，
找到一个例外。

肉骨头

牙疼持续十多天，
我觉得，
那个衰老的我，
已经与现在的我重叠，
在错位中慢慢磨合。

晚上，妻烧了一大锅，
肉骨头芋艿菜粥。
我琢磨是否需要添加，
香油、味精和辣酱，
忍着牙疼，
像往常一样端起碗。

人的一生说不清，
究竟是得到还是丧失？
你有没有想过，
最后降临的，
无论想要或不想要，
你都将无力对付。

你咬住一块肉骨头，
一阵牙疼，
就像咬伤了自己。

从前我捧着一大碗，
肉骨头芋艿菜粥，
将一块扇骨嚼碎。

即使坚硬如铁的东西，
也能细嚼慢咽。

两张照片

一张是医院的疏散楼梯，
走廊里，光线暗淡，
从窗口可以看见草地上的灌木，
镀锌管晾衣架，石凳。另一张，
是一部自动扶梯，
我们逛完楼下的手机店，
然后到楼上的“避风塘”吃饭，
而灯光在玻璃门之间飞来飞去，
折射出每个人的数量。
从昨天到今天我拍了这两张照片，
存入手机中，每次打开，
就像一次经过了两个地方。

迷　津

面对混乱的时间布局，
不应该前进也不应该后退，
但我们都明白，
静止不动是徒劳的。

在下雪天，痛饮，大哭，
永远只有二分之一的记忆，
或者是枯萎了的水滴。
那些复数的青春，
消失于单数的一个又一个迷津，
无须指点。

哭过的人关掉他的灯，
一段河流被裁剪，被连接，
总有一次聚会是下一次，
无论将至的成败是不是上一次，
总有声音像刀刮过玻璃。

二十年的经历过于冗长，
其中的指示牌，
夜行灯，三角铁，路口，
就像一个完整的废墟，
总有人耗尽身体中的电流。

云溪间

一条小路在山中绕行，
回到金秋的源头。

永康的白云山脚下，
一次聚会，
依然有古典的尺度。

门楣上，“云溪间”三个字，
搜集弘一大师的手迹，
安静，平和，
像镜子里的往日。

二十座的长桌，红薯，南瓜，
煎饼和切开的咸蛋，
也有了与记忆相反的味道。

久远的事物扑面而来，
廊檐下，灯笼的颜色，
未必与它自己的来历相同。

穿过庭院里的枯山水，
一棵树，一丛灌木，
甚至可以穿过一段人生，
在告别中重逢。

一套制服

离开单位十五年，
我至今保存一套蓝灰色制服，
放在床底，塑料袋里，
就像风干的蛇蜕，
它是我过去的尺寸、号码，
曾经是我面对世界的形式。
还有肩章、领徽、帽徽，
放在抽屉里，
大盖帽已经不知去向。
翻开一本照相簿，
穿制服的这个人仿佛有话要说，
在证件照上，单位门口的留影中，
只有我知道他想说什么。
一次接待上级来人，
乘船去太湖，我挽起袖子，
拍了一张双手摇橹的照片。
那些年我学会抽烟，请客送礼，
开会，发言，汇报工作，
学会了体制的语言。
应该说是我制造出这个人，
也是我抛弃了他。
他并不孤独，但我想安慰他，
想对他说，要么生活在体制中，
要么挣扎在体制外面，
你不要否认，
存在两种不同的语言，
你不是我，而我也不是你，
彼此穿着不同的衣服。

李建春诗选（6首）

火之舞

夏至。我抬眼看窗外
蓊郁的刹那，绿色的地狱浮上来
在树枝上跳跃。它们鼓起雀舌
却在人面、凝止的一刻
它们不知何谓，嗉囊间填满欲望

在林间空地，我看见那人
（仿佛过去的自己）捧着面具发呆
我看见他的生机，在虚妄的五月
对着一场暴雨，展开的竞赛
他赢了。在雨后相续的
万道火焰中，死的成长加速

炎热已至。所有停止的都会腐败
过去的观念，在鸟样疾速的交配中
斜掠闪过玻璃的反光

关于现在，是一个行走的形象
在一条河的不动之动中
我俯身，喝、遗忘之水
我双手搅动倒影成一具髑髅

如此，我立在五月虚掩的午后
倾听大悲在满眼茂盛的绿叶间

翻倒的镜子

鸟说：你转头，看我痴迷的跳
欢迎加入我们；如果算上其他印象
他们都在安静地等候点燃

我说：未解脱的精灵啊
你们有火的翅膀，自己飞还不够吗
非要到我也陷于情热
悲恸的女子，从死的下游一次次告知
我还在进中，还在路上
独立于人世，或许并不独立
看，那落于饕餮之口的年轻男人的头
不过是我西晒的书桌上被风吹倒的镜子
你们有何权力进入
活人的地域，我是自由的

鸟说：我们舞我们舞
快快加入我们，在火头上跳
虽说是时光、未腐之落叶
可也并非不动。你动就是我动
哪里有生，哪里就有死
我透过你看，可你也能
生生地骑上我

悲哉，着火的畜生！我诚然
当点燃自己，与你们同归于尽
可是大师说了：不必如此！
既已死亡的一切，何必喧闹
如果不是我，为你们提供食粮！
爱苦，取苦，有苦，生苦

我盲打盲撞才得到你们眷顾
如果我停下来呢，如果拒绝死？
拒绝死于生，拒绝生于死？

我正眼看：现在、摇动的
不动而动，动而不动
我只管生，在生中寂灭，死就死了
我观一切皆喜，皆是生机

蝉　翼

我在啦。早已在，但感觉还是刚刚到。
我活于此地，只一瞬间，便乘蝉翼降落。
这个夏天的鼓噪，隔着帐篷，
网兜似的亲向我，然而我还是
在众树和凉亭之间，打盹的那位。

我是清凉的血。我是恐怖
投于湖面的影。我已遥远。
多少面镜子，像书页翻过，哗哗。
现在还需要什么？轻悄地立住。
在每个方向上像在大道口，光光。

纪念碑

我们含混地活着，在这片土地。
有太多的事情不被追究，也无从
追究；成事不说，遂事不谏
只须向前看，且留意脚下

我们踩着时间走，在这片土地，
在时间上滑翔。丰富而危险的

是时间，最美的也是时间
我必须带上时间的气质，锤炼
一种风格。

含混是必然的。
压实到成煤，成玉，而不是爆发。
我崩落，在我走过之后
我塌陷，在我遗忘之后
因此地狱总是追随我，悬崖
垂直于我的脚踵；因此得救只在
分秒之间，活着只在动中

但我停下来了。与很多人
略有不同（他们的停，是死
像我的父亲，我叔父）
我的秘密是只保持动的姿态
其实没动，但也没静
我骗过了他们，那些幽灵
追随者，他们环视我
下一步如何？
我乐意与他们共同期待
我站立的虚空是金刚石

这块土地是死者的纪念碑
当尽力搜索他们的姓名。
我坚忍如汗青，挺直如石板
为了那些细节，那些生平
请写下他们，决不忘失！

忍

要忍住悲怆，要忍得住。
要忍住现场。
直接、急切的爱，我在你们身边。

我围观，但我站过来了。
脚印是我的正义，摄像头
给我指证。

也喝茶，也玩石头，也交流音乐，
我练习一个空间，
一手挡住悬崖。

片　断

一
千锤百炼的是这样一个人，或一组瞬间：他从未纯粹起来，总是在下一秒翻倒，混淆；
一颗星照在黯淡的流域，一种慈悲。

混杂了贪鄙和崇高，深渊似的快感才是大话之源。
用强迫症来实现，用阿谀、碰撞、陷阱、厮磨，哪怕身后是血海，是惊恐的警告。

就靠这种力量，冲到历史的前台吗。
礼取消了。父与子，男人女人，亲戚朋友兄弟，这些一对一的、朴实的情感全被抽象的“献身”取代。

二
我失魂落魄。觉得所学与生活全没关系，只有个人的，欲望的，或对死的恐惧才有用。
温暖的区域是大片卑微、混杂、无从命名之地。
我需要自虐以开口说话，
我操着语法，遵守词典。

他捶打老婆的声音，像黯淡的鼓。我能辨清哪一拳头击在背上，哪一拳头击在肋，或臀部。
他捶打。隔墙传来粗重的喘息，和对掰。
“让你打死！让你打死！”肉的声音沉陷。
公社的这块宅基地，如今在推土机下需要保护。

亚楠诗选（5首）

进　入

这时光的影子，这水
沿着秘密通道返回。它的长袍
带着蓝色闪电，和一次
朝觐簇拥的星光

毕竟，在水中，这缓慢的
过程可以继续放大
可以听见肺叶膨胀，蓝鲨
用尖利的触须
谛听。黑夜里的哭声

持续了好久，仿佛珊瑚的疼痛
被看不见的手撕裂
也在黑暗中滋长，在
它的阴影里——
信天翁用尸骨等待春天

长明灯

你等待亲人，如风等待落叶
在自己的骨殖里重新

发芽。夜沉沉，我的心
亦沉沉——这季节所拥有的都

在迅速改变，仿佛
这都是预料中
一次完美的告别。而亲人们
相继离去，并且
这样的事还将持续发生

所以，你的等待并非徒劳
或者如春天的河水
那么寂静，却拥有雷霆
的预言。假如我可以为黑暗祈祷

那么我会继续，若一缕风
在绿叶上把自己打开

傻子哲学

我相信一根骨头，荒野上的
一根骨头。它静默
也用蓝色火焰聚集锐气

很可能，这并非徒劳，也没有从一棵
草的静默中醒来
而我喜欢看你笑，傻傻的
笑直抵黑色锋刃

或者，让这片刻的战栗
进入梦中，进入环形猎场
以及它所秉持的威仪。但现在
没有人愿意这样

对待自己。没有人为缺失
的信仰落泪，为一朵花
打开门扉……而剩下的都留在了记忆中
这黑色锋刃的记忆中

雪中小巷

迎着风，那时我在雪花里
看见自己的影子
多么丑陋。就像岩石中，沉默
的鱼找不到出口

而我并不气馁，也
不会在寂静的小巷等待
一次邂逅。其实
在雪中，我已经等了许久

昏黄的路灯，三两个人，和
一只流浪狗同行
马车夫唱着忧郁的歌
仿佛从辽远的天边传来

河水拍打堤岸，一个醉汉
踉跄着进入他的春天

晚　祷

心是虔诚的露珠，枝头上
一只鸟唤醒了春天

朝向天空，善良之人
用温热的手握住苦难。以及

那些与日俱增的痛
多么清晰，宛如一道佛光

开示，我聆听梵音
这众妙之思，沿着庙宇

让他的藤蔓落满黄昏。但风
始终没有言说，也

没有在这喧嚣的尘世
如蝉鸣，与我轻轻道别

李郁葱诗选（6首）

日　晕

完全是出于意外，在休息的片刻
我们抬头看见：这孤独的笼罩
在我们的头顶，瑰丽，但是孤独
当它成为我们的聚焦：
在手机和互联网中，它成为一个圆
——惊喜，闪现于瞬间
像是镜子，映现我们突兀的心

它是美的，像是觊觎之门
爱丽丝在漫游中找到的仙境
另一座桥，在实和虚、高和低之间
它是我们曾经渴望的路径
当踏足，在高潮和梦想之间，
它留下落叶和一地的琐碎
但从容于我们的眺望

那些浮华的面容，隐约的歌唱
那些被水汽所恍惚的光
我们所看见的，这一个圈，在圆和满之间
在色彩和光泽之间
那些停顿和转折，我们细小的欢乐

和我们所能推开的陌生之地
——这一日，它在我们举头的地方

欢乐颂

在星座熠熠的晴空，在流风如诉的高地
在我们能够仰望的地方，
在每一朵在细微中颤栗的野花面前
是什么样的人踮起了脚尖？
是什么样的人隐藏起自己的面庞？
我透明如蜕，既看不见来路
也茫然于归途：我们来自于哪里？
我们又将去哪里？在这途中
我只是喜欢这山、这水，这所有能看到的
我们生活的轮廓——
河汉皎皎，若出其里。把自己吹成了
一阵光阴里的风，所有的都在
只是再一次被我们所发现。

冰　川

一直都在，这安静的白，岁月里不变的容颜
在巨大的雪峰之下，它存在着
如同琥珀，凝结的火焰，我们狂野的心

那样垂挂着，它的安静：不被打扰的矜持
但我们到来，野蛮人，在赞叹和惊讶中
我们看见那些被消融了的——

在看不见的深处，它们缓缓流淌
而我们有细微的萌动来自于别处
那暗哑的河道，在雪线的滋润下

它的保存是一无所知中的
一个感慨，或许我们有自以为是的眼睛
但不比它知道得更多，不比它更加辽阔

它挡住了些什么？我们又挡住了些什么？
这一阵风抄袭着前一阵风——
我们所有细微的影子向远方延展着

天葬台

偶尔会想到死后我将去哪里
无限中的蓝：真实、辽远
一个存在中的地方，但我们无法推开
那种触手可及的蓝
在我们的途中，犹如一面巨大的镜子

那被炫耀和被放弃的，分配天空的灵魂
我们是不是可以更轻，更加像
一阵风？但留下了一些什么？还是
如一只脱了壳的知了，在空虚的吟唱中
我们试验这夏季的狂暴——

而我将安宁。在蓝中，在虚无中
我在，无所不在；我去，无影无踪
格桑花的摇曳，我们身体的绽放，一个空缺的
被更多的风所沉没：我们舒展
当我们不在的时候，我们到处都在

风这样告诉我们，这样的山水
这样的风景，偶尔被我们所眺望
但它比我们长久：在我们死去以后
会有更多的人看见
我们来过，我们离开，我们在这里

经　幡

罕有人至的风景让我们惊讶
我们来了，此刻，神的声音还在远处
但如果我们仔细听：在不经意中
神和我们同行了一阵子

我看到他的影子，当我们
把名字写在这风中，把祝福写在这山巅
把这破碎的光当作明媚的荡漾
插入这突兀之地：我们忍受

那高度的压迫。任何时候，一点点的
神，我相信它眷顾了我们
但并不造访，像我们俯瞰着鱼儿的游动
说：它的记忆只有三秒——

正如我们对于痛苦的认识。我们总是
神色仓促地打开这门，关上那门……
我们弹奏着影子，它几乎是沉重的
而我们的身体，它几乎是轻的，它自以为是

高原之城

如果饶舌的鸟雀勾引我们的夜晚，
我们说的精灵，是宫殿深处的寂静
但它们呱噪，盘旋着，在我们的头顶

异乡人，这陌生之地，蒙昧中
能够有什么让我们害怕：
在隐藏的面容中那让我们记住的

我听到这鸣啭，在秘密的灵魂里

它开拓我们，当阳光那么垂直
当所有的缰绳被交于了风——

那些远离我们的终将被再次找到
那些生动的人和那些传说
当高原如镜，如果天空依然陡峭

我相信这是一种倾泻，那些热烈的
和那些在冷寂中蕴藏着的
它们铺天盖地，在这样的夜晚，它们走来

如一个梦想走近，对天空的触摸
仅仅是一种启示：暗中
它是我的城，是我们的孤独……

金辉诗选（6首）

正 午

你可以匍匐着依赖在我的背上
如同我曾经藏匿在你祖母的背上
穿过这条浓荫匝地的小径
四下无声。透过树顶，可以看见
杨树的叶子忽然变得凌乱。一阵风
带来一些模糊的印迹，一些零散的词
如一片补植的槐树，被无数的支撑木
攀附和围绕，无法再次穿过。唯有
野灰菜和车前草还记得那些旧日子

与春风无关

至于不惑，至于那些不被解释的
都与春风无关
当我不再苛求，父亲开始和我无限地相像
当我们与春风相拥，相安无事
也与春风无关
他遗传给我的症候
开始在桃林里显现
花开斑驳，桃花胶浸出

我们互啖互噬四十年的苦厄
这，也与春风无关
他剪枝般倔强的结语病
使我尴尬，甚至逃离自己的耳朵
但他不再约束于我
放任春风十里，任凭自己在那片
休耕地上半明半灭

饥　饿

阳光透进我母亲的窗户
浮尘里什么也没有
或者是什么也没发现
如同饥饿或者平躺着的桌子
丈量着长短，什么也没带走

她的两个孩子醒来
颠倒了晨昏，扯开菜园里的嗓子
哭喊着，荒凉的气息如同
未收割的粮食。两个孩子的母亲
在未收割的粮食里哭泣

海鲜市场

差不多是中午
差不多，被兜售的
和被吃掉的
差不多，还可以在
残壳里拣拣

两个海鲜贩子
玩着纸牌

多年来，他们用鳃呼吸
高筒雨靴里
下着雨，感到沉重

梭子蟹和海水
忽然被运来了
他们放弃了牌局
开始卸下那些
腥咸的沉积岩

差不多的时辰
他们的呼吸里起了
细盐。两个精瘦的男人
差不多被腌制
差不多就要被吃掉

紫　苏

当乡愁无意于杂草丛生的时候
我一直以为紫苏是有毒的
我不知道该噙住泪水
还是任其烧蓝任其氧化
如铁水，浇灌那不可理喻的
圆月、沉默还有时间

我健在的父母亲将紫苏收获
贩向集市，如贩卖疼痛的眼睛
如散去胸中郁结的斑驳的气息
而我，吃下紫苏的时候
不知道是自我黯淡丛生的哀伤
还是生如杂草，等待经年埋葬

朽　木

夏日里风尘仆仆的情景
已成禁忌，绿——是其间暗黑的部分
荒野与庭院无羁地存在着

凡存在者，即是合理的
如黄昏、如暮年，那被镂空的部分
俯拾皆是谶语、定数和该隐

郭建强诗选（6首）

雪山颂

在能够照得出你的骨头的雪山前
冰川之水正具体地从头顶流下
脖颈和肩膀在迎接中战栗，胸腹和脊背
在快速收缩中抖动。在胯下，那冰凉多停留了一会儿
然后像江河一样凶悍地沿着大腿冲向脚底
你甚至感到水渗入皮肤，顺便让脏器仰泳了一会儿
这一刻，你无法不爱上高峻、空阔和清洁
——但是，你知道这并不是说自我已然与雪山相配
——而是恐惧。你看，即使身后只剩下童年的影子
——仍旧带着血腥深度的昏黑。

戈壁颂

沙粒密密麻麻：淡黄的、黑褐的、眼白的
纹动的填字游戏——奥秘的表格
风就是风，吹过来，吹过去
尘土停下来观望，又跟着跑一会儿

白昼制造视觉的声响：
几丛骆驼刺加重了盐碱的分量

夜就是夜：刺猬的尖锐擦刮得更亮
没有约柜，没有玛尼石刻

戈壁空空荡荡，戈壁漫不经心
闯入者成为一粒悬石，漂浮于神的律法

矿山颂

大风一遍遍撕咬废弃的矿山
直到大风条分缕析发出哀鸣
直到大风再度鼓涨疯狂撕咬
废弃的矿山在大地裸露着残剩的骨架
却也结实——春风秋雨一时无法超度

是另一部荒凉神迹的遗物

蝙蝠颂

你秉持你光明的名义
我紧握我黑暗的权力

离开颂

一声大喊，掀起一阵大风
其实一阵大风刚刚大喊
雪野神色迷惘，秃鹫无话可说
山只剩下山，杆和枝支撑出树
石头就是石头。剩下冷，还有硬

格萨尔颂

在格萨尔之前，风是安静的
或者也没有风，没有昼夜
没有上帝，更没有上帝之诗的朗诵者和倾听者

在格萨尔之中，刀和火交替耕种时间
人头埋到土里，埋到水里，埋到风里

格萨尔都走远了！还能听到声音：
快活的声音、焦躁的声音、太阳忽起忽落的声音
像草原上的石雕、面目坚定，转而模糊。

马越波诗选（7首）

卷　耳

碎片般落下
流水失去了颜色，云雨升腾
我们困顿在光阴中
侧身避开生死，佛道和陌生

何年何月，滚滚而前
漫过青山白云
哭泣的光景
现在，早晨醒来，你就在身边

无　题

雪已经停了，我来到湖边
没有一点消息
它们正在消逝
低低的树丛，屋顶，重叠的山峦

雪已经停了，夜里睡得太沉
想起的都是旧事
没有你，也没有险境
一下一下落在近旁

雪已经停了，就像没有发生
美景不会出现
洒水车清理着路面，变得无瑕
孩子在荆棘间奔走

雪已经停了，我还是见到你
太阳落下来
然后是夜晚，春夏秋冬
能够停滞的都在这里

迎　娶

在黑夜，少林客车翻越峻岭
什么也不能看见
那些美景，初雪未晴

小镇，破败的现代化
年轻人呼啸而过
我小心翼翼，沉浸在脚步中

父亲领我们爬上高坡
站立着说话，面对褐色树林
你在一旁观望

大海近在百里以外
我惶恐不安，远离了此地
何处安置美满

致张典

“而这样获得的任何真理怎么靠得住：
只凭观察自己，而后再插进一个‘不’？”
——奥登

我犹豫着，又坐下
台灯在白昼的窗边亮着
暗黄花卉底座上像是积满了灰尘
什么是“不”？忘却是否早已完成

田野浮华，我们曾默默走过
昆虫长出翅膀飞起来
那条灿若羽毛的河流
你曾经粗野地压住她的身体，像温柔那样

很快就会下雪，掩盖混乱的念头
我们是否停在原地一动不动？
不再否定痴迷，而明静？心头的恶兽
它随我一起老态龙钟，像一个婴儿

原谅鲜艳的一切吧，时间停下来
我寻找周围的景物，一座山，一棵树，几片云
一个将，一面绣边旌旗随风招展
你在何处站立？一个反复的阴影

我昏昏欲睡，字义越发稀薄
像在梦中睁着双眼
除了放心不下，这场谈话还丢失了什么？
她红润，羞涩，依旧是不可确定地热爱

我们还可以赞美什么？
不远处响起孩子们的喊叫
现实的树林毫无隐秘
中秋已过，我无力加以肯定

群鸟翡翠的早晨

它不再温柔。我反复念叨着
昨天的事，更久远的事情

蓝天，屈辱，像一片树叶和另一片的间隙

是的，树叶，这个比喻予人宽慰
让纯洁残留，最小的弱点已经巨大
我在反面抵抗着，用文字，梦想，拖延

用不现实，这就是生活？
回到儿时夜行的小路
母亲从未责备过我，我奔跑起来

大街上，多么美好的人，年轻人，露着臂膀，胸脯
步履蹒跚是否出于另一种想象
那满目的青山又是什么

已经落下来了，就是田野，就是千里之外……
失控的岁月，像不曾出现过的那匹马
和它一起走着，还不肯低下头

2012年4月12日

"只是当时已惘然"

一
月亮已经落下去
房子像搁浅在树林里的船只
紧闭的百叶窗，铁栏杆，晃动的小花
都在睡眠，没有声息

她洗过澡，在门口抽烟
夏天，他离开亚历山大
美，幼稚，锦缎般的无知少年

黑夜带领我们后退，迟疑的人
来回走动的人，犯下过错的人

你柠亮灯，推开窗户
那高处，疲倦的金色

我回头走开
几个老者坐着说话，没有阳光
她出现的时候柳枝纷纷
身后烟雨映着雪山

二
落日余晖，滑过她的脸颊
嘴角的面包屑
怀里戴白色小帽的婴儿
一个模糊的男子背对着光

粉红色，黑色，室内的女人
她松开头发，走下楼梯
他们起身，就要离去
咖啡馆外面，一艘大船正在靠岸

一动不动，这放弃的一天
拒绝也不可能发生
果实从树叶间掉落
黑夜慢慢合上

三
紫荆花在塑料盆中抖动
纸片，烟缸，挪开的椅子
随波浪倾斜的桌面，盛满水的玻璃杯

凌晨四点，我从床上起来
对面是他赤裸的肉体，侧身而卧
我推开门，穿过一片片沉睡的人群

巨大的烟囱涂满了白色
二三个人，陆续地，从它旁边走过

没有明月，没有你的泪珠
哦眩晕，甜蜜
低处的海水聚拢又散开

2010年12月23日

“那放弃的一天是多么可怕”[①]
它还没有落下
被吹拂的草尖，天空的羽毛
街边一个少年弯曲着身体

一次次，它反复降临
屋顶都被覆盖
我呆滞地站在这里
这不是全部
“深山险路”，念叨着
随即抛开，羞耻，恐惧
伴随含糊不清的喜悦
“杂树映朱栏”[②]，你听见吗
隔壁的声响
曾经茂密的树林晃动
哦，湿润，寂静

我乐于接受，迫不及待
谁可以了解，一个人
是怎样地偏离了生活
而且，并未带来不幸

注①：“那放弃的一天是多么可怕”，希腊诗人卡瓦菲斯的诗句。
注②：“杂树映朱栏”，唐朝诗人王维的诗句。

徐立峰诗选（6首）

痕　迹

南方晴朗的街角，梧桐树返绿，
而她老了。热闹市景，欢快的人群，
在她清澈的眼底仿佛不存在。
坐在那，左手搭住右手，
她只是安静看着斜对面那排老屋。
其中一扇窗前，有个中年男子
注意到她。抽着烟，在南方晴朗的天气里
思考，想了很多。又不知是什么。
两天后他登上火车，回到
数百公里外他自己的城市。
那是北方，气候大不一样，生活也是。
每逢灰蒙蒙的傍晚他经常回忆
那天所见，那老妇人。抽着纸烟，
凝神思考一些东西。
有时，甚至忘了窗外已大雪纷飞。
许多年过去，在许多人和许多事
消失已远的这个夏夜，在三五声
鸟叫之间，室内同室外一样静。
我沉入他写的文字，那些他思考
的痕迹，全然不知时间怎样从身边溜走。

雨后孤独的长跑者

楼上他们一直在说话，
他们偶尔停顿。是夏天要来了。
小雨过后，无锡的清晨更碧绿阴凉。
而向我靠拢的是这样一些
沉默的东西：惠山，地铁工地，
古诗十九首和荣巷老街稠密的
黑瓦屋面。它们全无深意却轮流加厚着
我桌前的寂静。接着是一阵
穿堂风吹过，夹带哀乐，
和附近又一个陌生人死去的消息。
几乎同时，小区响起脚步声……
这一刻，我当然知道是什么在磨损我。
坐在它身边，我也沉默，
我把诗句写得像雨后孤独的长跑者。

两栋建筑的间隙

工作一天……
他们鱼贯走出车间、办公楼。
他们快步赶往另一类建筑，
似乎那里更真实，更亲切。
天黑前这片街区迎来了数万人有序的
无声挪动。他们低头奔走，
他们运动中的投影同路面贴得
是那样紧。落日金色的
余辉下，一千个身影里，
就有一千种不为人知的牵挂和等待。
天黑前，我以寄居者的身份，
目送这支队伍穿过暮色而去；
目送他们脚下的路笔直穿过
两栋楼的间隙，冲向远方，
渐渐看不见。但真正令我停顿并

侧目的不是这些，而是，
两类建筑在天黑前送来的差异。

这条街一望无际

四周醒着，向秋天过渡的夜。
今夏最后一场阵雨
在弹奏大街。灯火都迷蒙，零星照着
梁溪路一带的建筑、幽暗和潮湿。
兴许还有，镶进雨声的孤单眼神。
看不到尽头，这条街一望
无际。但我确信从中
看到了什么。并祈求：众生平安。
我只是苦于无法以精准的言辞
来表达：那忘掉的过去、隐约的未来。

峰峦起伏，好像往事在发力

一本书读完后涌来的空旷感，
弥漫。同人到中年
才在意的古铜色清晨很配。
遇见什么，就接住什么。
稍后又是老调新弹，像魔术棒一挥，
房屋树木行道线，全都沿着
某种寂静，恢复了本来面目。
街角开过大巴，生活声渐浓……
看到我关心的事物排列的场景依旧，
光照下绿荫藏起的秘密依旧，
钥匙叮当，听到开门关门声依旧，
早上六点半，我用一碗薄粥，
祭慰书里描述的，家乡饥荒年间
冷冽的月色。用这缓慢、
安稳的活法，接住老辈人临终前
投向房梁的目光。梁中央挂着万年青，

和一匹象征喜庆吉祥的红布。
梁下数米，三五牌机械座钟，
总在以嘀嗒声延续他们死后的时间。
唉，靠河的雕花长窗也旧了。
窗外峰峦起伏，好像往事在发力。

减法里的齑粉

我从书桌前凝视她的手，
想象罗丹，怎样从芸芸众生找出
一双使周围安静的手。想象
思想刹那间的流动所携带的
神迹。沉思的世界充满细节，
而生命力，可以在一切可能的地方。
比如这块石头，比如，
那双睡在它里面的手。
静观者自有一番获得静穆的手段。
从刹那，到永恒，对减法的运用，
则属于另一种形式的占有。
“实际上全都是服从啊，”[①]他笑了。
读到这儿，我忽感豁然。秋天，
正朝我的书房扔阳光。
多么从容。而雕刀和石头的齑粉，
沾着四面八方的记忆落下，
被一双手慢慢收拢在一种
线条里。我于是从故我翻阅到今我，
这时我脸部的变化，一定很慢。

注①：里尔克《罗丹论》里罗丹的话。

飞廉诗选（7首）

望　冬

那向南的卧室，太阳照耀了一天，
空旷了一天。
阳台上半开的雏菊，傍晚需要浇水。
那块从青田搬回来的封门青。
那“总想作恶却总是为善”的撒旦
瘸着左腿，出现在《大师与玛格丽特》
第六页。
三天后立冬，毛衣上的静电。
那些旧眼镜、旧手机，
那个凌乱却干净的家，在等着你，

甘心做只麻雀，望着月亮打哈欠吧，

想想那些老朋友，年轻时，
我们喝掉了那个时代大部分的劣酒。

致老友

大学时代的老友们，
我们越来越无话可说，

理想被幽禁，
祖国是无边的折磨。

幸好，孩子们不停打
断我们的沉寂。

这些天真古怪的小机灵，
真如春夜雨笋

从孤独园拔地而起，
我们焉得不老！

到这个年龄，最可怕
不再是贫穷与压制，

最惊心动魄
乃是儿女们日渐长大。

中年自述

——赠胡人

连下了十二天秋雨，
父亲的菜地，萝卜像一群绿色的鲫鱼……
两个月前，还乡时，怎样的大旱哦！
大哥承包了一家中学的伙食，
三弟新开了一家饭店，
母亲因多日没我的消息晚上睡不着，
此刻正和父亲院子里剥玉米，
剥了一辈子玉米……
年近四十，打着电话，越来越认识到，
我这样的人天生就是窗外樟树上的那几只麻雀，
无论如何都是麻雀，
傍晚，时常落在废弃的一根老电线上发呆，
因沉默而被误认为孤高。
忘记了祖父的名字，

只会写几首啄食的诗，
永远也发不出杜鹃的叫声。

父亲和托尔斯泰

午后，大风，跟父亲通电话。父亲在清洗电风扇。
我们谈着快要收割的麦子，雨水足今年将有好收成，
麦后黄瓜可以卖了，卖完黄瓜天也凉快了……窗外，
远山把临平小镇收拢在它温润的阴影里。
“当我还没来得及发现我严厉的父辈在内心是温柔的，
他们就去世了。”“只要托尔斯泰健在，还跟着那匹白马
扶犁走在垄沟上”，只要父亲还蹀躞在那纽扣大小、
日见荒凉的菜园，这世界就“依然是露水清冷的早晨”。

在母校图书馆

我的到来加固了这发霉的寂静。
《少年维特之烦恼》，《了不起的盖茨比》……
当年那些让我发狂的书哦，
灰尘淤积。
窗外传来女孩子的笑声。
散落在一丛芭蕉下吃零食，
晚秋的暖阳
照在她们波光粼粼的脸上。
而我像一条蛇，在暗处，阴郁地望着她们。

在南方，秋日

——致丰子恺

一群闹哄哄的小学生下了公交车，夏天就结束了。
故乡的电话，总叫人心惊胆战，
而父亲的死，是我们必死的前奏。

秋虫衰微，像一个十二月党人的女儿。
客人走后，碗碟丁丁，水流淙淙，
即将到来的沉寂的冬夜，没有她镇定的身影，
一个人怎么生活下去啊。
霜降快到了，古人洗衣裳的皂荚果落了一地；
茶花乱开，凛然一惊。
这样的好天气，最让人想念东方朔和苏东坡。
五天后霜降，傍晚在杭州买到四川山林深处的春笋，
惊喜，微博上告知柏桦老师。
今日霜降，这“地暖无秋色”的江南——海棠花
开了，小阳春。
生活了近20年的城市，一出门就迷路。
白毫微露，遍地野生的楚树，
1997年，第一次远行来南方，路过太湖无边大水，
父亲说，这就是大海吧。
煮熟的太湖小白菱，一兜十块钱。
十几年前，读大学时，路过南京总是深夜，
恍惚庾信回到了故里。
没落的金陵造船厂；古战场，狮子山，阅江楼；
购云锦三幅：金地清荷，海水福，丹顶和鸣。
秋雨，到处是蚯蚓，
梦见与陶渊明饮酒，另一个梦里可笑地向人炫耀。

瞿秋白狱中书

一

我已走到生命的尽头，此生
我深受历史的误会之苦。端午将至，
颇想喝一杯遵古法
酿制的雄黄酒：看我究竟是人是妖？
衔春色飞上云梢的江南第一燕，
破落贵族后院的狗尿苔？
“杀人放火”的共党猛兽，
最懦怯的“婆婆妈妈”的书生？

二
我出生在封建阴湿的江南旧宅，
早年醉心老庄、佛学，
一年四季，惟中秋满院金桂
教我做人要热烈、慷慨。
民国六年春，母亲自杀，我孑然
赴京，只想考进北大，治中国文学。
五四运动陡然爆发，我偶然并从此
卷入漩涡中心。民九八月，
我前往赤俄，两次见到列宁，
那伟大的蛊惑者！
很快，从托尔斯泰僧侣主义，
转向“世人皆欲杀”的马列主义，
尽管内心潜存的中国士大夫意识
始终与之敌对。十一年底，
随陈独秀回国，试用马列猛药痛治
中国社会。十六年，
革命巨变，我这神经衰弱的书生
先后策发南昌暴动、广州暴动
及秋收暴动，太多无辜因我而死。

三
“一为文人，便无足观。”我忍耐，
退让，希望大家安静，仁慈。
唉！“历史的误会”，让我这可笑文人，
多年来，在革命舞台上操刀琢印。
现在，是终结这出滑稽剧的时候了！
不过三十六岁，却不堪衰惫，
十年二十年没有睡觉似的衰惫。
你们犹在斗争中勇猛精进，
我已放下了武器，对此我不觉后悔，
尽管为此费了一生心力。
绝灭前夜，我撕掉最后一层面具，
留下这些多余的话——
审判我的，自然是你们，而我，
只需要伟大的、永久的、可爱的休息。

诗建设 Poetry Construction

台湾中生代诗人小辑

Selected Poems

游离：水墨雕塑系列031　53cmx38cm　2015

陈黎诗选

陈黎，1954年生，台湾花莲人，台湾师大英语系毕业。著有诗集、散文集、音乐评介集等二十余种。译有《万物静默如谜：辛波斯卡诗选》，聂鲁达《二十首情诗和一首绝望的歌》、《疑问集》，普拉斯《精灵（完整版）》，《拉丁美洲现代诗选》等二十余种。曾获国家文艺奖，时报文学奖新诗首奖，联合报文学奖新诗首奖等。2005年获选“台湾当代十大诗人”。2012年获邀代表台湾参加伦敦奥林匹克诗歌节。2014年受邀参加美国爱荷华大学国际写作计划。诗评家奚密说：“陈黎是当今中文诗界最能创新且令人惊喜的诗人之一”。诗人余光中说陈黎“颇擅用西方的诗艺来处理台湾的主题，不但乞援于英美，更能取法于拉丁美洲，以成就他今日‘粗中有细、犷而兼柔’的独特风格”。

二月

枪声在黄昏的鸟群中消失

失踪的父亲的鞋子
失踪的儿子的鞋子

在每一碗清晨的粥里走回来的脚步声
在每一盆傍晚的洗脸水里走回来的脚步声

失踪的母亲的黑发
失踪的女儿的黑发

在异族的统治下反抗异族
在祖国的怀抱里被祖国强暴

芒草。蓟花。旷野。呐喊

失踪的秋天的日历
失踪的春天的日历

福尔摩莎　一六六一

我一直以为我们是住在牛皮之上
虽然上帝已经让我把我的血、尿
大便，和这块土地混在一起
用十五匹布换牛皮大之地？
土人们岂知道牛皮可以被剪成
一条一条，像无所不在的上帝的
灵，把整个大员岛，把整个
福尔摩莎围起来。我喜欢鹿肉的
滋味，我喜欢蔗糖、香蕉，我喜欢
东印度公司运回荷兰的生丝
上帝的灵像生丝，光滑、圣洁
照耀那些每日到少年学校学习拼字
书法，祈祷与教义问答的目加溜湾
与大目降少年。主啊，我听到他们
说的荷兰语有鹿肉的味道（一如我
在讲道中不时吐出的西底雅语）
主啊，在他里雾，我使已婚女子及
少女十五人能为主祷告并会使徒信条
十诫及餐前餐后之祈祷，在麻豆使
已婚年轻男子及未婚男子七十二人能
为各种祈祷，并会圣教要理，且阅读
亦借宗教问答之恳切教授与说教，开始
增广其知识——　啊，知识像一张牛皮

可以折叠起来放在旅行袋，从鹿特丹
旅行到巴达维亚，从巴达维亚旅行到
这亚热带的小岛翻开成为吾王陛下的田
上帝的国，一条一条剪成二十五戈
东西南北绕出一甲绕出三张犁五张犁

在热兰遮街，公秤所，税务所与戏院
之间，我看到它飘扬如一面旗，遥遥
与普罗岷西亚城相微笑。啊知识
带给人喜悦，一如好的饮食，繁富的
香料（我但愿他们知道怎么煮荷兰豆）
柑大于橘，肉酸皮苦，但他们不知道
夏月饮水，取此和盐，捣作酸浆入之
其滋味有甚于闺房之乐者。在诸罗山
我使已婚年轻女子三十人能为各种祈祷
并会简化要项，在新港，使已婚男女
一百零二人能阅读亦能书写（啊，我
感觉那些用罗马拼音写成的土著语圣经
有一种用欧罗巴姜料理鹿肉的美味）
华浦兰语传道书，西底雅语马太福音
文明与原始的婚媾，让上帝的灵入
福尔摩莎的肉——　或者，让福尔摩莎的
鹿肉入我的胃入我的脾，成为我的血、尿
大便，成为我的灵。我一直以为我们是
住在牛皮之上，虽然那些拿着钺斧大刀
乘着戎克船舢板船前来的中国军队
企图要用另一张更大的牛皮覆盖在
我们之上。上帝已经让我把我的血
尿、大便，像字母般，和土人们的
混在一起，印在这块土地
我但愿他们知道这张包着新的拼音
文字的牛皮可以剪成一条一条，翻成
一页一页，负载声音颜色形象气味
和上帝的灵一样宽阔的辞典

夜间鱼

在夜间，我变成了一条鱼
一个因一无所有突然富有、自由起来的
两栖类

虚无？是的
虚无一如浩瀚的太空
我泅游在比你的阴道还湿还黑的夜里
像一个四海为家的人

是的，宇宙是我的城市
从我们任何一座市立游泳池往下望
欧罗巴只不过是一块干瘪的猪肉
而亚细亚正像是臭水沟旁的破茶碗

去装你们的甜蜜亲情吧
装你们伦理、道德的白开水
装你们隔天换一次的洗澡水

我是一个一无所有又一无所惧的
两栖类
栖息在浩瀚的宇宙
栖息在你日日夜夜的梦里

一个栉风沐雨的沐浴者

大条大条地游过你的天空
游过你无所逃遁的生生死死

你还要夸耀你的自由吗？

来吧，体认一条鱼
体认一条，因你的弃绝，突然富有
自由起来的太空鱼

阴影的河流

每日，从我们的茶杯流过
一条阴影的河流
唇印斑驳的地方
是一遍遍消失的
河的两岸
满室的茶香引诱我们睡眠
我们喝的也许是时间
也许是自己
也许是掉进茶杯里的我们的父母

我们在淤塞的杯底捞起
去年的风景
满山的茉莉
纷纷开落的花瓣
我们目视冷却的河水重新沸腾
温暖地溶开逐渐降临的黑暗

然后我们坐在灯笼般亮起的
杯前喝茶，坐在
与梦等高的岸边
等茶水变成河水
等群树开花结果
直到，像我们的父母，我们也化身
成为一粒果实
一朵茶花
逸入阴影的河流

秦朝

还没到清朝（是秦哪！），很接近支那
CHINA：以你的朝代为名，有一朝会从

大写的中国，转成青铜器、铁器之外
小写的瓷器。何其易碎之物。始皇帝
中国第一个皇帝，求仙求长命药的你
寿仅五十，你的帝国不过十五载，宽不及
传说中你的阿房宫，遑论与已然成形的
万里长城相比。焚书，坑儒，你发动让
后世师法的第一次文化大革命，唯留医药
卜筮种树之书，鼓励大家学医、算命赚钱
提倡绿色环保概念。你率领你的兵马俑
转入地下与时间作战，在你的陵墓内酝酿
大规模的宁静革命，以严明的军纪森然的
秩序，等待两千年后破土而出，再惊天下

未来北方的河流

——给家新

未来北方的河流
是甜的，或苦的？
如人民般沉重，或语字般轻盈？
在上海红坊园区闻一多像前
我仿佛听到闻一知多的诗人说
一次文革，一沟死水
够矣，多矣
剩下来的是诗与美的反扑与
反革命……
在南方苏州霓虹灯突然断电的湖畔酒吧
你柳树下昭然醉己，以一夜的湖光
和不断溢出的啤酒泡明志
在被夜流放的五类黑和十二种暗中
你是最卑微而坚毅的一颗星
你整夜策兰，而
我多想策动湖中尚存的可采的莲和你
诗中的橘子

随一条北方的河流流到岛屿边缘花莲
一条跨界、跨籍的语字的银河，足矣
作为“作为译者的诗人”，在
万安公墓穆旦，戴望舒坟前，我们都同意
以不受限制的自由体
将他们地下的忧愤译作今夜香山
满天流动的丁香香和星光

被忘录

在一条清凉水声的蚕丝被里
遗忘了的生之喧嚣

覆在我身上的你的肌肤是薄薄的
被单，你自我掀动出风
噢那是群星的叹息，把你我吹塑成浪

窝藏我们也被我们窝藏的被窝　是
时间与温度的混凝土筑成的防空洞

我们被动
神主动

杨小滨诗选

杨小滨，生于上海，耶鲁大学文学博士，现任中央研究院文哲所研究员，政治大学台文所教授。曾任上海社科院、美国密西西比大学、北京师范大学、威尼斯大学等教授、研究职务，台湾《现代诗》季刊、《现在诗》诗刊特约主编，《倾向》文学人文季刊特约策划，中国教育电视台《艺术争鸣》栏目主持人、策划。著有诗集《穿越阳光地带》（获台湾现代诗社1994年“第一本诗集奖”）、《青春残酷汉语·诗歌料理》、《景色与情节》、《为女太阳干杯》、《杨小滨诗X3》（《女世界》、《多谈点主义》、《指南录·自修课》）、《到海巢去：杨小滨诗选》等，理论和评论专书《否定的美学：法兰克福学派的文艺理论和文化批评》、《历史与修辞》、《The Chinese Postmodern》、《中国后现代：先锋小说中的创伤与反讽》、《无调性文化瞬间》、《语言的放逐：杨小滨诗学短论与对话》、《迷宫·杂耍·乱弹：杨小滨文学短论与文化随笔》、《感性的形式：阅读十二位西方理论大师》、《欲望与绝爽：拉冈视野下的当代华语文学与文化》等。近年在两岸各地举办个展“后摄影主义：涂抹与踪迹”、“杨小滨摄影诗作展”，并出版观念摄影与抽象诗集《踪迹与涂抹：后摄影主义》。

后事指南

我刚死的时候，他们
都怪我走得太匆忙。

其实，我也是第一次死，
忘了带钱包和钥匙。
“一会儿就回来”，
我随手关上嘴巴，熄掉
喉咙深处的阳光。

我想下次还可以死得再好看些。
至少，要记得在梦里
洗干净全身的毛刺。

后来，我有点唱不出声。
我突然想醒过来，但
他们觉得我还是死了的好，
就点了些火，庆祝我的沉默。

寻人启事

法镭，男，原籍乌托邦，短发
无尾。柔情，会吹喇叭花。
一九八九年走失至今。
口音南辕北辙，穿一身迷茫，
喜唱反西皮。曾暗恋曼陀铃，
冷出一脸月色，自此
青葱不再。偶尔歪脖而登高
望远，惊恐时狂奔出窍。

法镭，身高如火，体重
如风。说是去太平洋
学抹香鲸豪饮。二十好几了，
或是年届半百，铁了心，
想一口喝下一碗宇宙。
但背包里只带了三五颗

恐龙蛋，又能填饱几次春夜？

法镭，有家族病史，酷爱
梦呓。满嘴飞机，满眼
巫山云。口头禅是“去！”
爱看时间粉碎，常扮成自己，
等山鬼索吻。好心人
有提供线索者，必有酬谢
半斤蜂鸣，二两水龙吟。

朱自清欣赏指南

细看之下，池塘里没有水。
黑乎乎的淤泥，闻上去
有股薄荷巧克力的怪味。
一抒情，蛤蟆也暧昧起来，
睡熟的，假装躺着的，
都辗转得只配天知道。
学一点乌云的叹息吧。
等不到星星鼓掌，别急着
从鬼影里听出小提琴
的颤音，更不必从
枝叶间偷窥明月的丰乳。
饿了，想象莲藕的清香
会更饿。夜里出门
就是这样狼狈，也幸亏
没有剪径的骚狐狸。
朱自清先生，两袖西北风，
吹活了脑袋里的夜莺。
后来，他跌了一跤，
醒来时，就变成了闻一多。

洗澡课

脱到一半，你还不能说
自己是所有人中间最干净的。

那能不能相信，光溜溜
才是存在的无耻本质呢？

镜子擦亮了，你不还是
长得像一堆皱巴巴的内衣吗。

你却用汗臭告诉我们，世界
只是一种可以洗掉的气味。

但还有骨头的每一寸灰尘，
始终蒙在心灵的幻影上。

还有肺腑里升腾的狼烟，
宣告你刚烧尽的勇气。

透过浓雾你必须看清楚
水平线在腰的哪一端。

洗内脏的时候你也要
小心断肠，更不能心碎。

那么灵魂呢，你打算
搓多久才让它自由奔逃。

假如你是自己揉不烂的面团，
把手放进别人身体试试呢。

末日指南

像世界含在上帝嘴里，
一颗糖融成甜。
你也是我的滋味，
是虚无的礼物。

暗下去之后，我
摸不到你。在一场
大火纷飞前，只有
良辰是不够的。

在游船上看炼狱
有美景。戴烟花
就吻成新公主。
如果烫舌头，也猜
爱情是泼辣的。

你睡在淫荡摇篮里，
我唱愚人曲。末日
霞光万道，你
从风景画上离去。
消失前，我吞下未来花。

购屋指南

你不能两次踏进同一条门槛。

有风景端出早餐，让你
急于到阳台练习跳楼。

你吐出北风，坐棉花云，
你一路绕到禁闭室。

在家具森林里狩猎，只有你
抚摸衣衫起伏，床笫冷暖。

你面壁，思索绝境之美，
你给玄关一次奇幻感。

空气是一张蓝图，你可以
看见一个虚心的未来。

你打起喷嚏测噪音。
你拆下腰围丈量面积。

戴上彩灯，你就扮成
萤火虫点燃狂欢新郎。

你扛起四楼就奔向远方。

自行引爆指南

扯住这个国家的命根子，
来那么一下。揪心到死才问：
掀掉天空，能露出多少狰狞？
或者，还有哪些肢体可以放飞？
比起挠痒，火药的脾气更扎眼些。
只可惜，该死的没死。
拨开硝烟，几乎没有什么花更呛人，
除了挤出血管的梦，
就不再有醒来的景色。
再扯，就干脆扯乱红旗和东风，
在雾霾里使劲闻，这股焦啊，
像北方，一窝蜂烧完，
才轮到南方的心肝——
一旦熏熟，也能天昏地暗。
而一指禅早让厨子剁没了。
剩下擦不干净的无影腿，

踢寂寞，直到把自己踢成虚线，
扯断一腔山河的腐烂器官。

谒陵指南

爬到最高，去看地下的精神。
似甲虫，也可能啥都不是，
一驮百年，嘴上满是兴亡。
哀叹得太久，喘成谜，
紫气难掩杀气。

要绕多远，才进入黑暗？
墓穴里，鲜花开，
给你我的无知加油。
但油然而生，毕竟容易，
冷风土皇帝。

下到底，迎来欢笑刺骨。
望云端，夕阳有惭愧，
给蓝帽子一头血色。
几代江山叠进四方口袋里，
藏好馊主意。

陈育虹诗选

陈育虹。文藻外语学院毕业。祖籍广东南海，生于台湾高雄市。寄旅加拿大多年后，现定居台北。出版诗集《之间》、《魅》、《索隐》等六本，另有散文《2010尔雅日记》及译诗集Carol Ann Duffy《痴迷Rapture》。日译诗集《我告诉过你》2011年由日本思潮社出版。

曾获2004年《台湾诗选》【年度诗奖】、2007年中国文艺协会【文艺奖章】。2014年参加尼加拉瓜诗歌节。

我告诉过你

我告诉过你我的额头我的发想你
因为云在天上相互梳理我的颈我的耳垂想你
因为悬桥巷草桥弄的闲愁因为巴赫无伴奏静静滑进外城河
我的眼睛流浪的眼睛想你因为梧桐上的麻雀都飘落因为风的碎玻璃

因为日子与日子的墙我告诉你我渴睡的毛细孔想你
我的肋骨想你我月晕的双臂变成紫藤开满唐朝的花也在想你
我一定告诉过你我的唇因为一杯烫嘴的咖啡我的指尖因为走马灯的
夜的困惑因为铺着青羊绒的天空的舍不得

无调性——给C

连窗也无法忍受这雨
Philip Glass的极限
乌桕叶落，同样无调性
这时蟋蟀的呼唤比任何一首杜甫都忧郁
蝉唱完所有的歌，四周寂静
五更草的寂静

貓的喧闹小石子般扔进来
一颗颗全音符
梦，Sotto voce，停留三拍，记忆在窗外扑翅
我说猫请不要再用你欲望的舌尖弹奏
那样的颤音像飞蛾
晕眩着，下滑

我的灵魂是一朵朵桅子

定睛于一朵刹那的桅子
我认出它某些枝节
它绝不失误的出现在初夏
云母的白，纯静
透明而游离的
香，仿佛来自灵魂仿佛就是
一个老灵魂

这是一个大突破 ——
我的灵魂是一朵朵桅子
一年年它开了
谢了，开了又谢了
雨声磨擦鸟声
轮生的绿叶欲滴，时空剥复
挪移，这样

已经千百回
自泥土汲取古老的
感知，用宿存裂萼验证果实
由内而外：胶质，鞣质
苦，寒，无毒
复合式丛林里我的灵魂
是单生的梔子花

一朵朵刹那现身
在这时节
接受细雨洗礼，并且
流传一些暗香

异 邦

十座火山都已经安睡
这是最好的情况你在我身边
前后　左右　上下
雨声哗哗响得幽寂这拥挤的雨
一重重反锁的门
我们在门的张弛在床与异邦言语的
陌生中摸索

我从断讯的海岸来
那里没有火山仿佛黑色罂粟
不熄的灯塔
这是最好的情势在夜晚你等我
我的脚步比雨滴更轻更透
不会遗落窗下
窗是阿波罗的但床属于戴奥尼索斯

荒废的旅店绣球花摇晃它们
孩童般的卷发姹紫嫣红

不合理的梦
内战与地震与磨碎的咖啡豆
都过去了过期了所以
这是最好的姿势
眼睛和闪电的眼睛小腹和火山的小腹

连夜的雨以及屋檐倾斜的
回答

关于二月十四的天气……

我写下关于雾像一只猫
关于风的分身术
西北风七级我们必须安抚的记忆
关于雨的飞蛾流窜
因为贴近了冷气团

海洋思考着星座与潮位
浪向四十五度周期六点二秒
浪高三尺救生艇从甲板滑落
未及交代什么
干潮满潮干潮满潮潮浪踮着脚

在悬荡的绳索奔跑
一尾抹香鲸潜回海底
潜入我们一疋薄光的午后
此刻累积雨量九十毫米
潮浪席卷的沙滩有苍鹭来回寻找

过中天的紫绣球
云还在永冻层我写下
关于雾的嗫嚅梦呓经唪声在耳边
关于海的狂草
不停写着又哗哗撕掉

樱花十四行

这粉裙的吉卜赛女郎这惊笑这云鬓缭乱这樱花
樱花迷路在京都四月过于喧嚣的哲学
之道这蓝天这河这花一时一地这人
一时一地不说永恒这阳光
不是光是雄细胞雌细胞的激流这花
不是花是欲望
翾飞的俄顷是火的脱序美的杜撰是失去失去
这脚印由深渐浅渐恍惚渐渐
属于四月等于四月这樱花这丰熟的躯体童真的
灵魂大于四月
有人迷路
在樱花的语尾变化
这春的传道书这生死备忘
沙漏颠倒虚空这春的托盘粉屑的灰烬的静

陈义芝诗选

陈义芝，1953年生于台湾花莲，祖籍四川忠现。高雄师大国文系博士。1972年开始文学写作。曾创办《后浪诗刊》，担任联合报副刊主任，现于台湾师范大学国文学系专任。著有诗集《青衫》、《不能遗忘的远方》、《不安的居住》、《边界》、《掩映》，散文集《为了下一次的重逢》、《歌声越过山丘》及评论《从半裸到全开》、《声纳》、《现代诗人结构》等。

曾获时报文学奖推荐奖、联合报最佳书奖、中山文艺奖新诗奖、中山文艺奖散文奖、荣后基金会台湾诗人奖、第二届诗歌艺术创作奖。应邀参加新加坡国际作家周，日本秋吉台国际艺术村翻译计画，萨尔瓦多国际诗歌节。诗集有英译本The Mysterious Hualien (Green Integer出版)，日译本《服のなかに住んでいる女》(思潮社出版)，及韩译本。

写给牡蛎的情书

清凉玉白的裸体
我们窝在一座石灰壳里
潮水狂野汹涌在左
野狗追逐天边一条
赭红的蛇召唤暮色与夜色

我们窝在同一艘船里
或坐或躺或斜靠疯狂的话语
飘忽，撞击轰轰的雷
摩擦，拍打船舱的雨
潮水狂野汹涌在右
野狗夹起尾巴望月
喔呜，喔呜——
湿滑的蛇盘踞了夜盘踞在心底

无人停靠的峡湾
这是，当黑暗与忧郁交颈
月亮也脱光了衣服
流星抛掷一颗颗种籽给大海
大海摘下一朵朵鸢尾给月光
潮水漫溢过堤岸而我
注视着山丘
潮水漫溢过堤岸而你
呼喊着天空

我们窝在一起
当同一具马达运转
野狗嘶吠洪荒含磷的洞穴
我还想等一千年不管
现在是果子以后变不变酒
现在是赤裸以后变不变谜
现在是丰熟的胸脯以后做谁的保姆
现在是贞洁的枷锁以后是谁的夜莺

有人选择藤壶，有人迷离的雾
潮水终究决堤
清凉玉白的裸体啊
滑进喉头深处
是归宿

2012

阿尔巴特街之夜

她有云雀歌声般的身材
花色高领毛衣顶一头金发
蓝晶的眼睛凝注蜜脂的脸颊
雪白的牙齿笑起来
像湖水

来自贝加尔湖的她在街头当画家
在阿尔巴特街的夜晚
一杆灯柱下
蓝晶的眼里飘着斜飞的雨丝
像无重的蒲公英絮追着街道的风

我走进她伞里她请我坐下
我用她闪动的目光画像
她用香葱的手指勾勒一张瘦削的脸颊
疲惫的陌生人啊
在阿尔巴特街的夜里

陌生的人逗留在陌生的城市
异国的眼神流转在异国的街头
恍惚间阿尔巴特街的画像就泛了潮
无重的时间也因慌乱
一时走了样

2000

海边的信

他的眼光望向远方
日午的阳光一片片白花花在海上逃窜
游鱼裸身跳跃着，收音机广播
轻台刚过另一中台又已成形
海边的小屋寂寞的假日

纱帘在落地窗前飘摇仕女的披肩长裙
颈线之下柔滑的臂膀以及
身体小腹的斜坡
风吹得人燥热，眼皮都出汗了
大喇喇的阳光里实在不该再有一团水光的女人

低下头，他在笔记本电脑的键盘上打一首诗
由一封封信串成的——
像裸足踩出深深浅浅的脚印在海滩
也像天风唱的苍凉的歌
起伏在无尽的沙漠

稍稍偏移一下看海的角度他发现
午后的阳光还在风的小蛮腰刮削
海斜靠着风风斜靠着阳光阳光斜靠蓝蓝的天
整个世界变成一部倾斜之书
他的诗句全滑落到海里了

他不知怎么收拾刚写的掉进海里的诗
一股浪一封信连绵到远方
一封信一股浪很快地又从天边回传至眼前
装满潮音的信装满寂寞冲刷不掉的字
海成了飞涌浪花的诗

他继续写未完的句子
在卷成一卷一卷潮浪的电子信箱
在终于从孔雀蓝转成普鲁士蓝的海岸
一位戴遮阳帽的仕女侧转身
露出美丽的额头看不清却似深不可测的
蓝色眼睛，黄昏斜照一条光背的曲线

那瞬间他的诗也融入黄昏融入夜
潮浪伸出一千只手回向岸上招
天与海慢慢在靠近，慢慢地天压住海海压住天

除了灯火翻译的山之外再没有别的什么了
除了劳伦斯咏叹的蛇之外再没有别的什么了
想必是观音……蛇游进他看不见的诗里了

2004

梦杜甫

与你同游
在风烟飘摇的溪谷
山路攀爬的峰峦
在梦中，我与你同游

你是青山拔地而起
我是飞入青山的归鸟
你是青空不见边际
我是激扬青空的流云

在高出苍穹的季节
高过群山的绝顶
我与你揭去梦的贴布
展开盛唐的版图

然而没有山河可眺望
只有干戈的旷野在泣血
没有亲人的肌肤可取暖
只有寒凉的一钩月独看

不见曲江池畔的丽人
只剩千村万落的荆棘
十年困顿的长安你当过八品参军
天宝乱后的长安你一路颠沛流亡

一条阡陌跨过一条阡陌
一群伤兵带着一群伤兵

失去家园的炊烟到处是野鼠挖穴
失去故人的讯息到处是鸱鸮狂鸣

你只好去住草堂
亲近梁燕和水鸥
你只好去登高楼
悲怜秋晚多病的长江

梦里的菊花不断惊呼在道旁
梦里的白骨总是沉睡在战场
孤舟像天地间的泪啊没有家
白发的诗人遥想京城，漂流在江上

2013

寻渊明

传说他裹了头巾
拄了手杖，越过一片野林
不知去到哪一个邻家
有人拨开长草跨越桑麻
听到狗吠鸡鸣，看到榆槐桃李
却找不到他虚掩的那扇门

遇见采薪的问
从前，他是住柴桑
大火烧了屋，现已搬去南村
遇见打鱼的问
他酒藏诗书里，命藏琴弦里
泛舟在平湖划桨在清溪

传说他种过柳，修过篱
戴了冠冕穿了官袍

为酿酒，一心要种秫稻
巴望谷熟，却不愿为迎迓而折腰
秋来一片落叶飘下庭阶
是他说不出口的那句话

服食沾了露水的菊花
一抬头就看见时常相看的南山
近处有人语，远处有风烟
更远是隐隐的杀伐啊争战在翻腾
昏黄的天弥漫无边际的红光
照映人心扭曲的沟壑

传说他梦见一条无人知的河
没有人迹，不知源自何处
仿佛是一处尚未呱啼的地方
或者竟是他中夜徘徊惆怅的所在
一千重山在雾里放光
一万棵树开满了桃花

我极目眺望不知名的远处
孤鹰厉响在天空
一棵老松学他弯腰耕种
是贫士，曾乞食，终是读书人啊
在动乱的时代我称他安那其
一个无政府主义者

唉，在现代，不知谁能
与他谈话为他斟酒
去哪里找捕鱼的武陵人
去哪里找采药的刘子骥
太元年间的桃源村早已消失千百年
这世上还有谁是问津的人

2014

迷路——寄玉真公主①

今古一相接，长歌怀旧游。
——李白

你随秋风来
白马在月下不停奔驰
风在林梢弹着琴
一缕缕，一丝丝
如曲折的道路飘忽的云烟

未干的露珠沾在草上
未灭的星芒挂在天上
你随秋风来像别枝的落叶
回旋，飘坠
踩踏今夜零乱的节拍

我是什么时候走的你是什么时候来的
已经过了千年
我还是你痴心等待的夜雨吗
已经过了千年
我还是你不忍遗忘的灯魂吗

白马总是不停奔驰啊，暗中呼唤
让我为你采药在云深的小径
让我为你炼丹在彩虹的桥头
为你，像秋蝉隐遁地底
像春燕巢泥一栋新的家屋

然而时间已晚了
山门已关闭
丹池只氤氲一团清梦
月色只摇曳满山的乱发
空空的叩门声响是谁在秋风里

是谁说过，鸾与鸾本该同枝
然而星空之外不再有星空
长松之下不再有簟席
只有人所不知的传说在传说
缭绕你最终住过的山房

你是什么时候来的我是什么时候走的
华年已如悬崖滚落的石子
思念仍是一无底的深谷
今夜，我遥忆千年的敬亭山
忧伤仿佛昨日

注①：传说李白与唐玄宗妹妹玉真公主有一段情，李白离开长安后，玉真公主曾至敬亭山寻他不遇。

2014

零雨诗选

零雨，台湾台北人。台湾大学中文系毕业，美国威斯康星大学东亚语文研究所硕士。1991年哈佛大学访问学者。曾任《国文天地》副总编辑、《现代诗》主编，并为《现在诗》创社发起人之一。

1993年她以《特技家族》一诗，获得年度诗奖。2004年她应邀参加鹿特丹国际诗歌节，2011年她应邀赴港参加香港国际诗歌之夜。

著有诗集：

《城的连作》(1990)、《消失在地图上的名字》(1992)、《特技家族》(1996)、《木冬咏歌集》(1999)、《关于故乡的一些计算》(2006)、《我正前往你》(2010)、《田园/下午五点四十九分》(2014)等。

黄泥路

我要吃黄泥土
我要吃饱饱的黄泥土

我的黄泥土逃跑
到前面的尽头

我的父祖们站在那里
他们不理人

他们说：“我们正在消失。”

“包括我吗？”

“包括那辆痛哭的马车
还有车上白色的眼睛。”

头　城

——悼F

初夏的黄昏你最好
坐6点5分那班火车

龟山岛的脚刚被薄雾洗过
房屋的白墙壁
把黑窗衬得更黑
黑有点让人心动

然后火车经过隧道
然后树也变黑了

然后比艳蓝还亮的浅蓝布帘
渐渐掉落火车的窗口
最后掉在村子里
电线杆的路灯上

那时你特别听到
跌落山谷的一面钟
细细叫着蝉一样地叫
向右掠过水域骚动
龟山岛浅浅的睡眠

列车长来剪票了不知为什么
他说了谢谢又说旅途愉快
而那正是我想对你说的

太平洋

我们正在失去。在海中。载着我们所有
散失之物。往东流去。到另一繁华
的彼处

情感。信仰。记忆。渐渐远离——

那时我们将泪眼滂沱。微不足道
加入大海的洪流。然后转身。有一日
将转身。迎接另一处漂流而来的——

情感。信仰。记忆。并感觉那种
激动。使我们的血液重新涌现。并惊讶

偷偷换过的那一刻。如何。那一刻
被时间忘却

这时
我也有了一个儿子
你在。我的怀中
吸吮

盆　栽

无关于心灵的那些物件——
不如一个盆栽

关于心灵的那些——
不如一棵树

树是上帝
母亲

故乡
这些词的缩写

我经过乡村道上的一棵树
问他——“你有上帝吗？”

他说：“什么是上帝？”
“一个不断在失去的未亡人。”
“像我一样。”
“像我一样，低声干嚎。”

他笑了。是苦的
然后我们沉默

下午五点四十九分

转头
转头

你一直要他
转头

整个下午
他在梳妆
他老是在梳妆
他的眼影红唇粉腮

终于他——
转过头来——他努力许久
且最艳丽的
他的眼影红唇
及粉腮

不是这些，不是这些——
你带来一件凉薄的晚衣
并且，用眼泪
——无用的
眼泪
为他重新装扮

他递来一张灰蓝的纸
留下胭脂的残渍

远　处

1
时间。深入那棵树中
我前世寄达的。时间

在那些枝叶上。一片一片
邮票。变形。永远——
不触及死亡

风吹向未来
叶子向前探勘
——远处有一个海洋

枝条被手接住
根向更远处延伸
——远处有一个海洋

2
梦在建造他的房子
已快完工

海浪的窗台
树的屋顶
永恒

(——穿着邮差的绿衣服)
偶尔来拜访

可能在夏天
或冬天
我们就开始准备

种下葡萄。小米
窗前的蓝色白色

间歇地朗诵。那声音
使我们活着

江 山

在黄昏的小朝廷——
我下诏罪己——避在最亲近的
那棵树下，阴影里读着

闲闲读着，万事
不关心。宫里宫外那些
行走的，那些尘土
或也会让我寻思
来者何人

有时我也会到楼窗去
远望那些即将叛逃的
灰云

然后我也会在黑暗中
被囚。然我也不心惊

——黑暗亦是我的
江山

鹿苹诗选

鹿苹，女，1970年生于台湾台北，祖籍河南南阳，父亲为著名台湾诗人痖弦。法国巴黎Acad饵mie Charpentier视觉传达系毕业，加拿大魁北克省立Laval 大学多媒体与平面设计硕士。2005年出版个人诗集《流浪筑墙》。曾在台湾工作数年，任职于公益团体。

我未曾有的

我未曾有的女儿
倾心一个男子
她住在两头都有潮汐的岛屿
听海浪触碰火势的声音
她说她相信
零以外的数字都不合逻辑
像她与她母亲的关系
像她发梢里透出的早晨
我那未曾有过的女儿
她哭泣时我曾看见
红宝石的颜色
她奔跑时我曾听见鹰的翅膀
我该装作懂得
她睡梦中的太阳与沙砾
她的零
与其他的零摇零摇零

我该装作认得
宙斯与号角的符号
当轮子滚在云边
她的裙摆是拉不住的旌旗
击鼓手与风齐头纠缠
我该装作相信
我有这样一个女儿
是我未曾拥有
却即将爱恋其他男子的女孩

盥洗室

在盥洗室里
有白毛巾和薄荷
他们把云灌注在肥皂里
把该思想的泡在漱口水中
在盥洗室里
藏匿在排水孔后方的是海
甚至是更远的
印度
在盥洗室里
他们擦拭镜面的掌纹全是模糊的
以致无法界定人格及未来
他们在某种洁白的回音里歌唱
并隔着门板传递讯息
他们咕噜咕噜地喝下
再大口大口地吐给印度

XXL之说

我在火车里看
肥胖的摇彩虹弯腰点地
在夜里看到窗外

肥胖的摇烟火爆出油脂
在戈壁的岩石中看到
肥胖的摇雨点跌烂在地上
我在摇我在
韵律教室里看到
肥胖的摇大腿在对谈
我在医生的听诊器里
看到血液在奏乐奔跑
唉
这肥胖的摇过油的击鼓声
唱着
胖
是条通往永远的河川
脂肪流呀！脂肪流呀！
普鲁斯特也无法与他赛跑
为什么天空下面会有
胖女人
胖男人
胖饼干
胖包子
胖车轮
胖冰箱
胖舞鞋
胖逻辑
胖春天
胖肚子
胖书店
胖冰棒
胖爱情
胖猪肝
胖玫瑰
胖黄昏
胖童话
胖火焰
胖公主

胖柳树
胖回忆
胖宇宙
胖字典
胖流苏
胖旷野
甚至胖到不能承受谎言的心脏
对了！我是很胖
神啊！
给我一个胖天堂

雨总是打在各处

这里有鬼
你记起夜里
火柴摩擦的声音
煤气嘶嘶地游移
当蓝色火光在石棉瓦上跳跃
屋里很冷
鬼穿过
雨打在夜里
打在中庭的池塘
打在黄土环绕的绿洲里
鬼不能多经历些什么
已经够伤心的鬼
风又吹过
即将散去的沙漠
和许多即将崩塌的真理
鬼魂在走动
天微亮
他们便开始合理地歌唱
鬼魂穿过煤气筒与黑白格纹头巾
雨总是打在各处
也打在鬼的身上

封在天上和屋顶之间

这儿没有月亮也没有倒影
停泊的希望大约可换取五烛光
我在这里写着昨天
手下躺着些即将发芽的霉菌
太阳没有到过这里你也没有
茴香糖果永远是黑色的
咖啡反复的渴死在杯底
幽暗恒等于相反的相反
樱不樱花无所谓
天不天光无异议
狼在呼吸狗在吠
这里是个被埋葬的阁楼
窗户死亡多时
记忆哭着复活

死亡没有的

死亡没有耐心
他经过村口
躺在姑娘的床上
窗口月亮静静地
看她淹过青春苍白的小脸
死亡从不忧愁
不似那滥情的雨落于无稽
他飘在草原上晒太阳
拾起干燥的羚羊角
并用黑色指甲剐伤后羿的骨
他把花朵的红色藏在血里
洒向废墟
死亡没有记忆
每每见到的新人
都使他无限惊喜

Yellow page

林中钟在巴塞罗那
有些鸽子围绕着干面包的巴塞罗那
李风峰在布宜诺斯艾利斯
窗户总是漆成白色的布宜诺斯艾利斯
王莘馨在蒙特利尔
法兰西腔调不太正统的蒙特利尔
三条街道也许有
一条叫作黛鲁黛洛
或是圣安娜斯
更可能一点的是塔瓦雷利
人活着就要耐烦
树站着跑不掉可怜多了
地图只要六块钱
可是我们找不到林中钟
可是我们找不到李风峰
又可是
我们找不到王莘馨
一九八六年巴塞罗那有人快要断气
一九八六年布宜诺斯艾利斯在上演茶花女
一九八六年蒙特利尔有面包店失火
可是现在林中钟忘不了王莘馨王莘馨从没认识过李风峰
李风峰不了解林中钟
林中钟想娶王莘馨王莘馨以后不会再见林中钟
根本不知道李风峰……
好像记得我说过
要查巴塞罗那或布宜诺斯艾利斯或蒙特利尔
得用字体大些的世界地图
要联络林中钟或是李风峰或者王莘馨
得用许多小字体的黄页
脑子疼痛或是厌倦呼吸或是忘记迁徙
也许可以问林中钟
或李风峰
当然还有王莘馨

颜艾琳诗选

颜艾琳，台南人，1968年出生，辅仁大学历史系毕。年轻时玩过摇滚乐团、剧场、地下刊物。曾获“出版优秀青年奖”、创世纪诗刊40周年优选诗作奖、全国优秀诗人奖、吴浊流新诗正奖、中国文艺文学类新诗奖章、海南岛第一届桂冠诗人奖；2010年与刘亮延合编并主演舞台剧《无色之色》。着有《骨皮肉》、《黑暗温泉》、《她方》、《微美》、《诗乐翩篇》、《A赢的地味》15本书；诗作已译成英、法、韩、日文等，被选入各种国语文教材。现任“齐东诗舍-诗的复兴”项目执行长。

瓶中苹果

是谁将苹果
种在我的体内?
每月每月，
它成熟着果实
沉沉落底在子宫中，
而我感觉滞重、晕眩
仿佛有什么即将发生。
是谁赋予我敏锐的
生理天平?
那苹果熟至腐烂

化为稠汁，
并且愤怒地、快速地
往下坠落
离开我的身体。
我的天平，感觉
一个小小的宇宙，
死亡。
然后摇恢复无物。
那苹果仅留一籽，
以结实的眼泪形态
悬于我幽密的花瓶，
之中。

秋　粮

喂食菊花的人，
隐居在瘦瘦溪流畔。
每次月亮发胖的时候，
总跳入溪里裸泳，
那人就快乐地笑，
用笑声把一条溪灌醉。
这样就料理了玄学的味道，
一只螃蟹
肥美地端上书案
淡水河摇堤防内的公寓，
我啃着一本古籍，
赏到了那月亮的妩媚
尝到了那只蟹。
后来，我就阳台上养桂花、
用闽式碗公盛高粱
招月亮跳水。
我若想求醉，
便将碗中月亮喝下；

那倒不是玄不玄的问题，
而是关于秋天的料理
到我手上
便有了禅的滋味了。

双　目

有那么一刻
你的眼睛是我的。
你看见我拼好
破碎后的完整，
并发现无数的隙缝。
隙缝里
都躲着一个坏掉的小孩。
这个叫Tom
只爱大他五岁以上的女人
和小他十岁以下的男人；
这个是Lisa，九岁
帮住院的妈妈送东西时
在电梯中
被堆着病床的志工
抵在冰冷的墙壁上强吻
从此患洁癖，并不长大。
那个戴眼镜的痘痘少年
CC，有“私生子自卑父权狂妄症”
读书聪明，人生不及格。
质疑女性为何不爱他
是因为世界终将要末日
而他的基因太强，有毒
还有一只人性化的母螳螂
凶狠狂野，却暗恋
黑魔王一般的CC。
她害羞地存着一个梦想：

要吃掉喜欢的人。
但她体形实在太小了
她是我雌性草原上
最畸恋的生物。
我还豢养过一只
真正的赤兔马、跟
蜷成一窝的蟒蛇，
和神经质的单眼白兔。
有时候
它们感到饥饿
就吞吃了我。而
我在跳个不停的兔子胃里睡眠、
我打禅在冷体温的蛇腹中、
我在失速的马肚子里
边哭边笑还呕不出我的人生，
我变成它们的
宠物。
Tom和Lisa和CC
赤兔马和蟒蛇和白兔
都分裂我、也拼成了我。
这无人知晓的秘密乐园，
只会在另一个有复眼的人
邀你进入。
你的眼睛是我的，
我可以变成你的，
我们叠着
我们变身
我们一起看
我体内的舞台剧。

史前记忆

天好蓝，蓝过我的忧郁了，

于是
不得不快乐
非假寐不可，
以消除梦的沉疴
(一种虚伪的幸福感。)
孤独吗?
孤独。
我不睡双人床，
那会养成一种非非的坏习惯
这样的蓝
纯净得不带任何心情；
然，
出现在如此多元进化的城市丛林中
我被迫还原成
史前一枚沉睡的：
贝。

“教区边沿最后一所房舍透出的灯光”

——荐读“台湾中生代诗人小辑”

王家新

《诗建设》约我就他们即将刊发的“台湾中生代诗人小辑”写一小篇荐文，其实我对台湾诗坛缺乏全面了解，对“中生代诗人”这个说法也不甚了了，我想，这大概是指台湾上个世纪五六十年代现代主义诗潮之后，在纪弦、余光中、洛夫、痖弦、商禽、杨牧、郑愁予、周梦蝶那一代诗人之后又涌现的一代诗人吧。或许正是这一代诗人构成了近些年来台湾诗坛的中坚力量。

不过，纵然对“台湾中生代诗人”缺乏全面、清晰的了解（这和我本人更关注个人而不是“代”或“派”也不无关系），我却有机会认识了其中的一些佼佼者。读他们的作品，我不仅有一种发现的喜悦和更深层的认同，它们也给我带来了诸多新的艺术刺激。

在这些诗人中，我首先认识的是零雨。那还是十多年前，她到北京时送我了她的诗集《特技家族》，我送她了我的诗论随笔集《没有英雄的诗》。她回去后来了长信谈她读《没有英雄的诗》的深沉感受，我则把《特技家族》读了多遍。我相信，这不仅是台湾诗坛，也是整个汉语诗歌中最独到、最具有持久生命力的作品之一，其感受力的深度和语言的功力都让我惊异。零雨常年生活在太平洋海滨小城宜兰，为人“低调”，作品沉潜，在大陆，她也显然不如夏宇那样有名，但毫无疑问，这是一位卓异的、并值得让我们抱以更多期待的诗人。去年陈黎在北京讲学时就谈到她的新作《江山》，连连赞叹“黄昏的小朝廷”“黑暗亦是我的／江山”这样的诗句，说他愿以自己的几十首诗换这样一首诗。去年我参加花莲太平洋诗歌节，回来从花莲坐火车经过宜兰时，也再次想到了她的组诗《我和我的火车和你》（“啼哭是一种自救／火车开了”）。零雨长于写组诗，而且是一个主题接一个主题向前推进，这在女诗人中十分罕见。就在那一次的路上，我还读起了她的新诗集《田园/下午五点四十九分》：“我要吃黄泥土 / 我要吃饱饱的黄泥土 / / 我的黄泥土逃跑 / 到前面的尽头……”（《黄泥路》），我再次感到惊异，并为她在诗风上的一些变化高兴：和前期比，她现在的诗更为豁达、放松，也更富有灵性了。她在深化自己的同时也在刷新和丰富着自己。

陈黎是上个世纪七十年代中期登上诗坛的，被普遍视为台湾诗坛“中生代”的代表性诗人之一。从展露锋芒到现在，正如诗评家奚密教授所说：“陈黎是当今中文诗界最能创新且令人惊喜的诗人之一……，他的作品一方面见证了主导台湾蜕变的历史变迁，另一方面则表现了诗人蓬勃的实验精神。”

我很认同奚密的这个评价，并亲自感受到陈黎本人的创造活力。“蓬勃的实验精神”不仅体现在语言形式上，在我看来，也体现在他对一种“危险的美”的追求上（这正如他翻译的日本渡边美乌女的“羊肠临绝壁，一滩春色”）。同时，陈黎又具有敏感的历史文化和时事情怀。因而在他的诗中，时时会有某种沉重与轻盈、甜蜜与苦涩、忧患与反讽之间的对照和转换。去年五月，就在陈黎在我校做驻校诗人期间，我带他去北京西郊万安公墓，在找到穆旦墓碑的那一瞬间，我发现他的眼圈一下子就红了！这使我在当时也深受触动。后来陈黎还写有一首《未来北方的河流——给家新》，我读了既惊喜又感动。我不仅从中感到一种精神的默契，还佩服于他那特有的点石成金般的语言转化力。我们一起在上海闻一多塑像前、在苏州“整夜策兰”（以“不断溢出的啤酒泡明志”）、在万安公墓穆旦、戴望舒墓碑前的经历，不仅都被他巧妙地写入了诗中，而全诗的结尾“将他们地下的忧愤译作今夜香山 / 满天流动的丁香香和星光”，也让我怦然心动——这是一种多么奇妙的诗之转化！

对我来说，一个新发现，是读到陈育虹的诗。几年前读到她的《我告诉过你》，就使我眼睛一亮。但它对我的意义却不在于其缠绵或多情，而在于对“情诗”本身的语言刷新，像“因为云在天上相互梳理我的颈我的耳垂想你”“因为日子与日子的墙我告诉你我渴睡的毛细孔想你”这类诗句，我甚至不想说这是诗人在抒情。这是语言感官的醒来。它不仅有一种人们所说的“灵魂的情色”，也让我听到了一种新的“诗的发声”。

去年在台湾认识这位优异的女诗人后，我读到她更多的诗、随笔和翻译。她不仅是沉静的，内省的，也是富有“存在的勇气”的。纵览她并不太长（如果和陈黎、零雨相比）的创作历程，她愈来愈富有探索性，作品也愈来愈显得新颖、大胆。像《异邦》这首诗，“十座火山都已经安睡”，诗一开始就有点惊人，其间则充满“窗是阿波罗的但床属于戴奥尼索斯”这类新奇的隐喻，至于“连夜的雨以及屋檐倾斜的 / 回答”这样一个结尾，也令人叫绝，可以说，那种李清照式的“梧桐更兼细雨……”在这里已化为一种新的语言张力和姿态。

陈育虹的沉潜而又富有探索性的诗风，当然也和她的经历有关。她本来是“学外语出身”，移居加拿大多年后又回归台北。她的语言，吸收了北美雪的寒气和奇异光亮，相比于其他诗人，她也更多、更直接地吸收了西方诗歌的滋养。同时，她也是一位优秀的译者，出版过英国女诗人达菲、加拿大女诗人阿特伍德的译诗集。她的翻译，有着一般译者很难达到的精湛。

和陈黎一样，陈义芝也出身于花莲，并且很早就登上诗坛。他的诗，直接承续了台湾五六十年代的现代诗传统，而又立足于当下的生存经验和语言经验。他的诗往往将个人抒情、历史忧患和人生顿悟融合在一起，坚实，饱满，而又敏感、细腻、丰富多彩。可以说，这是一位贯穿了台湾诗歌几十年来发展历程的见证人，他不仅以创作，也以其评论和编辑（他曾担任联合报副刊主任多年），推动着诗歌的进展。

杨小滨本来是一位从大陆出去的国际性汉语诗人，现在也被“纳入”台湾诗坛了。不过，这也有道理：他早在美国留学期间，就参与主编过台湾的《现代诗》，他那种后现代主义式的解构诗风，和台湾诗坛的某种风气也很合拍，当然，我相信他也给台湾诗坛带去了某种独特的东西。在当今这个“越界”的时代，许多东西愈来愈体现出如德勒兹所说的“去辖域化”趋向，但是，诗人们独特的个性却是不可模糊的。这里，女诗人颜艾琳又是一例。近些年来，她热情似火，不断来大陆参加诗歌活动，但她又是不可“混同”的。我不知《史前记忆》能否代表她的艺术追求，但它的确是一首奇诗。“天好蓝，蓝过我的忧郁了”，这诗一听，就是从“祖国宝岛”上才响起的声音，更令人惊奇的，是全诗独特的句法和标点符号排列。这种大胆的语言形式实验，在大陆诗坛上当属罕见。

小辑中的鹿苹，第一次读到她的诗，以后也会注意这位富有锋芒的后起之秀。《诗建设》的这个诗小辑，当然不能说全面地或“代表性”地展现了台湾“中生代诗人”的阵容和成就（比如说，还有罗智成、夏宇、焦桐、陈克华等或是取得较高成就或是更具有艺术颠覆性的诗人未能收入这个小辑），但它却为我们打开了一面新的窗口。总的来看，台湾诗歌和大陆诗歌，虽然同属于一个语言文化母体，但由于各自的语境不同，在创作关注点和艺术上都有着多方面明显的差异。最起码，我相信一些台湾诗人在创作上所体现的“新感性”，个人抒情的“私密性”和语言形式上大胆的“实验性”，都会为大陆诗人提供有益的参照。甚至可以说，相对于大陆诗歌，台湾诗歌在很多意义上都是一个如策兰所说的“偏词”（“来自一个偏词，/那船夫的嚓嚓回声……”）。这正是它之于整个现代汉语诗歌独特的意义。

当然，偏与正、边缘与中心、前往与回返都是相对的。我不知引用布罗茨基这句话结束这篇短文是否合适，但我的确想起了这句话。这是他在论述茨维塔耶娃时所说的：

“她最终摆脱了俄国文学的主流终究是一件幸事。正如她所热爱的帕斯捷尔纳克所译的她热爱的里尔克的一首诗所写的，这颗星，有如‘教区边沿最后一所房舍’的窗户透出的灯光，使教区居民观念中的教区范围大大的扩展了。”

2015.7.31，北京

游离：水墨雕塑系列032　53cmx38cm　2015

跨界 Crossover

管怀宾

中国美术学院教授、跨媒体艺术学院副院长。1961年出生于中国江苏省南通市，1989年浙江美术学院毕业（现中国美术学院）。1998年日本国立埼玉大学大学院硕士课程毕业（硕士学位）。2004年东京艺术大学大学院博士后期课程毕业（博士学位）。

“诗歌并不诉诸理性而是诉诸想象”

——关于装置艺术与诗的对话

泉子　管怀宾

对话人：泉子、管怀宾
时间：2015年清明　地点：管怀宾工作室
（泉子以下简称泉，管怀宾以下简称管。）

泉：在常人眼里，传统水墨与装置之间有一条巨大的鸿沟。而我知道，在这之间，你还曾经尝试或实践过油画、摄影、版画等形式。任何一种艺术形式，都是我们理解这个世界的通道，但一个艺术家选择这种，而不是另一种方式，他们之间一定有着一种深层或隐秘的机缘。

管：首先，应当承认大多数艺术家都存在一定的局限。这种局限包含了对历史、时政的了解、对文化的判断、对观念的拿捏，包括对媒介的运用。有疏离外部世界的原因，也有不识自我的原因。有些人生性敏感一些，有些人反应稍微迟钝一些。这些应当都不是问题，包括局限或许不至于让你短兵相接，而会修炼应招。其实，对我们这一代艺术家来说，很多人相对都面临着不断地修整突围。我们不但是在一种拼凑碎片的状态下，确立了对自己构成意义的艺术史；也在行进中选择媒介、运用媒介。没有太多关于媒介的技术神话，只是依凭观念的诉求和感知的嗅觉而动用语言和媒介，这一点与问题的推进和阶段性的兴趣有关。观念的呈现，总是要求相对应和精准的媒介选择与语言表现。我不认为媒介本身存在优劣或者鸿沟，同样水墨与装置都可能成为我们在一定时段上操行的手段。重要的是拿它整什么事儿，又怎么去整事儿，这是关键。语言与火药的穿透力、杀伤力在于有效的组织和配比。就像诗歌可以传咏千古是其语言的有效组织。所谓深层或者隐秘的机缘与某个时点、多种状态的内外因素相关。

泉：可以传咏千古的诗歌最根本处可能并不在因为“其语言的有效组织”。最高妙的诗歌一定是得意忘形或得意忘言的，就像我们在面对一幅绘画时，如果我们在第一眼不是被画面背后强大的情感所打动，而是被一个精致的细节所吸引，那么，将意味着一次致命的惩罚。就像陈子昂的那首开盛唐风气之先的千古绝唱“前不见古人，后不见来者，念天地之悠悠，独怆然而涕下”。我们几乎看不到语言的组织痕迹，它们几乎是脱口而出的，是又一次的我口说我心。

我也同样以为，媒介本身不存在优劣之分。任何媒介都可以成为我们理解与感受世界的一个有效通道，但它又无时无刻不在生成一种新的诱惑。就像诗歌，无论是从波德莱尔以来的现代诗歌，还是以李、杜为代表的古典汉语诗歌传统，它们都一直经受着来自使诗歌仅仅作为一种技艺的那条越来越狭窄的道路的诱惑。但诗歌与艺术又必须在向时代，向政治、经济、风俗编织成的万物的敞开中，构筑出自身的救赎之路。

近几年中，你多次强调艺术创作中的一种知识分子立场，它意味着政治或者意识形态在你的作品中占据一个更显然的位置吗？我想听听你更加系统地对“知识分子”立场的阐述。

管：关于知识分子立场这个问题，在我这里实际上分两个方面截面内容。一个是对历史与当下现实、个体精神的了然、判断；再一个是作品观念层面问题点的确立与相应的针对性、指涉性的有效表达。

那么何为知识分子、其立场又如何界定。英语中知识分子（intelligentsia）与中国古代简称之为文人或者士大夫是有差别的，它与我理解的知识分子也还是有些差异的。首先既然是分子就是一个个体概念，而西方的知识阶层或者咱们的书生都还是一个群体概念。这个群体由于具有知识、学术的共性，所以他们有可能存在共识，并且这种群体意识可能转化为惯性表达与某种权利显现，所以它不具备独立鲜明的立场。立场在我看来是不能简单重复的。我们知道无论是西方还是东方，今天的知识阶层，读书人都有些鱼目混珠，或者被各种政体所划编，成为专家学者、教授或者知识生产与传播者等等，这是时代、社会与现实的总体情境。对此，萨义德在表述知识分子概念时曾说：“知识分子的主要责任就是从这些压力中寻求相对的独立。”所以他把知识分子刻画为流亡者、边缘人，特立独行的人，也就是对利益、权势说真话的人。中国古人讲：“士不可以不弘毅，任重而道远”。

在今天，知识分子传输知识学问与表明立场、见地是两个完全不同的概念。前者可能顾及大众需求和服务对象；而后者是以一己感性和良知展示人格与原则，并担当个体的社会关切。知识分子这种责任与担当，大到时政、权势，小到学术观点，它具有的尖锐的立场和个人关切，它可能让政权尴尬，让伪学术无藏身之处。这个问题实际上触击个体与公共领域的矛盾关系，我讲个体而非个人，是因为个体它存在着某种外部关联并形成认同与行动的可能性。正如萨义德所言“纯属个人的知识分子是不存在的，因为一旦形诸文字并且发表，就已经进入了公共世界”。这个话题有点扯远了，以后可以重新展开。

实际上，再回到艺术领域，艺术家可能是知识分子，也可能什么都不是，这要看问题的意识与切入问题的方式。政治或者意识形态的东西无时不在影响着艺术的动向与艺术家的工作，这要看艺术家如何从中引申语题，发现问题，或者说以艺术的方式触击这些问题。

我个人不主张那种符号化的标新立异，也反对表象化的政治与意识形态的诠释。每个领域都有它内在的语言逻辑，装置艺术也一样，我主张在专业的语境中设立角度，呈现自己的见地与立场。它不但关乎知识与权力文本与语境的问题；也关乎艺术表现与创造的问题。简单地说，文本式的宣教不能成为艺术的表现方式，作为一个有知识分子良知的艺术家，他的问题意识、终极诉求和批判的姿态需要有效地通过媒介载体的通道介入到现实。它要求艺术家既要有犀利的思想又要有敏锐的语言载体，而不至于流入重复的形式翻版。

泉：萨义德对知识分子的定义与中国古代“士”的概念在根本处还是共通的。他们是一群将道（仁义）与真理置于个人得失，甚至是生死之上的人。这也是近年来，我对“知识分子”越来越珍视的原因。正是从这个意义上，我甚至以为，一个真正的诗人与艺术家，首先必须是一个知识分子。

另外，现实是有多个层面的，除了政治与经济这些显而易见的部分，还有精神的现实、心灵的现实。直面现实是必须的，对于一个真正诗人与艺术家而言。但直面现实既可以表现为对政治与意识形态的直接回应，也可能表现为一种疏离的状态，并通过日常生活、通过山水呈现精神与心灵的现实。而后一种情况可能勾勒出了中国古典文学艺术的一条更为显然的脉络。

有意思的是，这类似的分野我们又可以从地域上找到某种对应，譬如南方文学与艺术总体上更多地根植于日常生活，而北方文学艺术与意识形态有着更紧密，也更显而易见的联姻。

管：是的，直面现实或以心灵触碰现实，对文学、艺术而言都是至关重要的。今天的普遍问题是所有的知识判断都如同教科书那样默认、纵容，麻木并不是个别现象，其实，疏离也是一种态度。至于南北方文学艺术与日常生活或意识形态的关系，今天看来好像没什么太大的差异吧。今天地球任何一个地方的事件、讯息可能瞬间爆发互联网，并引发世人的关注。在中国每个地方都在看新闻联播，尤其是自媒体的发达，已经同步了所有的信息资源。政治也似乎不再那么敏感，不像当年“星星画会”、“今天”诗刊发生在北京，“八五新空间”出现在杭州有它的地缘因素。艺术家对于政治与社会现实的敏感与关怀是因人而异的，很难简单地作地域类别。那些符号化的显像政治与所谓的社会问题并不触及现实与艺术的本质问题，更不是我们界定艺术表现方式的标杆。不过由于地理气候等自然因素形成的区域特征，包括心理的敏感与表达上的气质差异，这是一直存在的。“一方水土养一方人”的说法自古就有。对今天的中国人而言，政治与意识形态的影响是与生俱来的，几乎没有盲区，并且它是渗透在日常生活之中的。艺术或者文学，从生活语境转化到创作的情境，它涉及到语言与媒介的转化，所以从中摄取问题或者引申展开有效的视觉文本，这也都是因人而异的。

至于我个人，我还很难把自己归为南方或者北方的艺术家。我从九十年初到两千年初，中间有十年客居异乡，虽然出于个人的原因，一直关注中国文化与社会现实发展的种种线索，但客观上是缺席的，那只是一种距离上的观望、关注，渠道与临场感远不像今天这样纵横交叉。当我再回到国内，所有的事象都是扑面而来的，问题是鲜活的。顺便接上你上一个问题我没有回答清楚的部分。这些周遭的现实会让你调整话语的组织结构与媒介表现系统。实际上我回国后十年与在日本的十年，其作品内部是有一条暗流分界线的。

泉：北方人总体上的粗犷，南方人的敏感、细腻，这应该是我们没有分歧的共识。当然南人北相，或北人南相也不乏其人。而只有一个懂得微妙之美的北方人，也只有一个理解细节深处之宏阔的南方人，才有可能不被命运的绳索束缚在此时此地。

你刚才说的，“实际上我回国后十年与在日本的十年，其作品内部是有一条暗流分界线的”。我以为，同样可以作为地域对一个人、一个艺术家影响的佐证。

在我的理解中，在你粗犷的外表下，是一颗极其细腻、敏感的心。包括你对材料的选择上，有着一种我以为的南方性。像你频繁使用的热水瓶胆、青花瓷、包括太湖石。它们还有一个共同点，就是易碎性，正是这种易碎性使得观者的心维持在一个敏感，甚至是一个紧张的点上。

管：在中国以往的时代或许这种南北地理与人文的差异要明显一些，如今由于信息与交通的发达已经同化了许多。关于我作品中的瓶胆、青花瓷、太湖石，其实这都是我从现实生活语境中抽离的几个物件。尤其是瓶胆它几乎是隐存在中国人日常生活与记忆之中最为重要的物件，它的拥存量一度接近中国人口的数量，可以以亿计数。另外青花瓷、太湖石对我个人而言不只是文化符号的表征，而是某种生活记忆与情感上的观照物。你刚才说到易碎性，是它们共同的特征，当然倒不一定只是由于它们易碎引发我们的敏感。

实际上，无论是具有中性意味的瓶胆还是具有一定审美指涉的青花瓷、太湖石，它们在我的作品中通常都被抽离先前的轨道。无论就功能还是审美而言，其所指与能指在一定程度上都被削弱或者异化，而转化成某种中间场域或者运动轨道中的物。如果说到敏感与紧张的视觉因素，那是在作品系统结构中与它物的关系，以及某种临场状态所形成的运动气场。就像诗歌中的语言，在不同的组织与修辞作用下，会产生完全不同的语意和语境效果。装置艺术的魅力正是那种物与物、物与空间、物与动态种种矛盾关系所形成的态势。当然重要的还是支撑作品形式语言内部其观念信息的流溢，我希望那是触及灵魂的东西。

泉：东方性，或者说东方精神，可能是我们的一个共同的关注点。我也从你近年的创作中看到了你这样的努力。当代艺术与汉语新诗都无疑是西方文明全面侵入东方这片古老的土地，并在古典汉语的废墟上生长起来的。在地球已是一个小小的村庄的今天，已不再有所谓的东方与西方。我们今天立足的这片土地，不过是西方文明的一个新的变体。我不是一个狭隘的民族主义者，甚至我以为人类的文明史从来就是不同文明之间交流与融合的历史，从涓涓细流到大江大河，直到将整个世界融合在一起的无边无际的海洋。但我还是有一种越来越强烈的忧虑，如果我们不能在对西方文明的全面借鉴中，凝聚出一缕东方人的辨认与发现，（这也是我们血脉深处的基因与密码），那么，现代汉语就不可能有它真正的未来。我也想听听你这方面的见解。

管：我们一直都在谈文化，国家有战略层面的文化，个人有自我乌托邦式的文化。但文化在今天是一个复杂的话题，就这个问题我更赞同萨义德的观点，如他所说的那样“今天世界一切文化都是混合体，都杂有异质的、高度分殊的因子，没有一个文化是单一而纯粹的”（《历史人物与文化危机》P12-13）。萨义德另外有一本《东方学》，也是值得一读的著作。虽然萨义德的东方主要指中东地区的阿拉伯世界，而非指中国、东亚，但至少有两点是值得我们思考的，一个是西方学界存在对于东方或者其他地区文化的误读与一定程度上的牵制；另一个是我们今天谈地缘文化或者文化认同，但不能落入狭隘的民族主义，甚至排斥其他文化。那么问题回到东方性与东方精神的话题上来，其实，在我看来，这还是一个有关东方文化价值认同的问题。我们不能简单地以儒道佛来构架“东方”，应该说，自从西学东渐、亚洲各国开始导入西方技术文明以来，这个话题一直成为东亚各国无时不在怀揣的潜台词或者内心制衡的杠杆。

关于东方精神，德国哲学家马丁•布伯（Martin Buber，1879-1965）曾说：“尽管它们存在差别，但是东方各民族却拥有一个共同的本质，那使它们与西方的命运和精神截然不同。”他也概括了东方人精神活动与文化心理特征。问题是这个话题在东方并没有得到回应，由于东亚各国的近代化进程以及殖民化历史各不相同，加之二战不同的经历，所以这个问题并没有同步于技术文明的引进而得到深入的面对。即便过去的二十年，有关东方性和东方精神虽然持续成为亚洲诸国各种学术会议与文化研讨的话题，但是由于亚洲自身文化的复杂性以及内外梳理与建构的失衡，这个问题依然停留在概念和各执其词的层面。当然，从今天艺术创造角度来讲，我们或许不需要过于依循文本的梳理与界定。东方人强调的是智慧的实践性，而非客体化地面对外部世界，天性具备那么一种感知事物的方式和述诉情感的途径，这或许是今天可以挖掘的文化资源。

其实，当我们讨论东方性与东方精神时，我个人更主张首先应当回到梳理“中国性”的母题上来。从艺术的角度来看，一方面，它涉及到艺术与中国人的生存状态、国家意识、个体经验以及大众价值认同的问题；另一方面，历史与传统作为一种活性资源如何触发当代艺术与文化创造的问题。你前面提到的现代汉语，同样也面临这样的问题。

2003年前后我在东京写过一篇篇幅较长的论文《空白的艺术——构筑非视觉空间的意义》，回国后不久我又写了《园语——传统造园美学介入当代艺术实践》。之所以关注这些问题，是因为在我看来中国当代艺术一直存在着双向误读的现象，尤其是套用盲用的问题。实际上，无论当代艺术还是文学，其新的语言系统的建构与运作都涉及到与它相关的社会历史和美学范畴。我们需要来自自身文化机制的支撑，才能判断发生眼前的种种炫目事象，也才能从中建构良性的批评机制。我关切的是对现实与传统这两个庞大资源的梳理如何输出到个体意识的确立，否则，所谓的创造、建构依然是某种群体意识的惯性表达和权力政治的显现，或者依旧借用西方的价值系统来评判发生在中国的艺术事象。所以，更让我感怀的是“东方性”、“东方精神”或者“中国性”、“中国精神”背后的知识分子个体是什么？个体又如何体现声音与立场。

泉：关于前一个问题，我想补充一个个人的背景，它与我这些年对汉语新诗的一种持续思考有关。新诗经过近一百年，一代代诗人的努力与探索，在语言与技术上已趋向成熟，但是如果我们最终不能通过一种新的语言完成对这个世界的一次新的辨认，那么，现代汉语真正意义上的成熟是遥遥无期的。我不是一个狭隘的民族主义者，也不是对“我们这一侧”的执着。事实上，我对马丁·布伯的表达有着强烈的共鸣。

所有的艺术、道德与伦理的重塑，其深处都是世世代代的人们对真实那共同的渴望。

譬如，作为封建伦理纲常的君臣关系，在数千年之间的立与废，它同样对应于世世代代的人们在这共同渴望的驱驰下，对真实理解的变迁。秩序作为这尘世之局限与圆满的见证。我们对君臣关系的颠覆，不应该成为我们对秩序的否定，而是一种秩序因为僵化，而形成对真实的遮蔽后，一种更切近真实的秩序得以重建的契机。或许，只有在这里，我们才能更好地理解自由与限制，东方与西方之间的辩驳与不同。说远了，我继续下一个话题。

诗与画、诗与艺术是一种天然上的近邻，它们都有一个共同的出发地，或者说，它们都是通过各自的媒介来对无用之用的探索与发现。但在今天，在常人眼中，诗与画更显而易见的不同，在于画作为一种创造性劳动的同时，又可以作为一种商品。而诗歌因为它拒绝，或者说它不能转化为一件商品，因此拥有了一种更接近原初的、单纯的处境。你如何看待这两者之间的不同？

管：首先关于诗与画的渊源问题，是一个挂在嘴边、却又容易落入俗套的话题。百度上搜索一下，或许会蹦出上万条链接，这不是我们的话题。艺术作为外部事象与周遭现实触及艺术家内心世界后滤化、精炼的产物，当然这指那些用心的艺术，这一点无论诗歌还是绘画领域都应当是一致的。问题的关键在于我们今天的很多艺术其心是外置的，一些画家、诗人可以为资本利欲、为权力世故而放弃自己的良知与内心。当然，这是一个不足以让我们挂齿评判的领域。就像我们今天的绘画和诗歌界，有人为了生存，他画画或者创作可能先想到下家；也有诗人跑去写楼书了，这都情有可原，生存不是我们探导学术的底线。其实，艺术与商品有着两个切然不同生产机制与流通领域，只是后来人为地混淆了彼此的关系。我们在前面探讨知识分子立场、态度实际上也与此相关。权力政治、惯性的价值取向固然是动摇知识分子因素，同时利益诱惑也可以让人无心无肺。我对艺术成为商品没有一定的褒贬之意，也不能说拒绝商品转换就一定保住了良知与品质。重要的是看它在那个环节上的转换；重要的是作品内在的灵魂和质地。关于艺术创作，我个人是反对资本运作的提前介入，尽管这已经成为中国艺术界的常态，这也还不是我们的问题。无论诗歌还是绘画其核心的价值仍在于立场与角度，尤其是语义层面的创造。优秀的艺术作品是有穿透力的，它可以穿透权力政治与普泛的群体意识以及利益价值，而显现某种心智一体的语言构架和由此展现的创造力与想象力。

泉：我们所说的是与非，或者说是者与说非者的多寡都不会改变诗画同源，或者诗画作为近邻这样的事实。当然，如你所说，常识容易落入俗套。但落入俗套又往往是因为我们不能说出真实，一种属于我们的真实。而真实的艰难，真理与道的艰难，并非是对说的拒绝。否则，我们都将是绝望的人，诗与艺术都将不得不作为一种绝望的存在。和你一样，我同样认为“艺术成为商品没有一定的褒贬之意”。

政治与经济都是人类社会最基础的构成。人类社会从诞生的那一刻起，就伴随着政治与经济活动的发生。只要有人群的地方，就会有政治，而在今天的我们看来作为一个单纯社会象征之一的物物交换，也同样是一种市场或经济的活动。所以，一种纯诗，一种在艺术创作中完全驱离政治或经济因素的努力，可能最终会伤及艺术本身，也注定是徒劳的。我想，我们今天看到的，来自政治或经济的弊端，或者说根子并不在政治或经济本身，而是人心，是我们心中的贪欲从一开始就获得了弱肉强食的外衣。而诗作为人类本能的另一极，它又必须成为我们对这种本能的贪欲，这比我们自身更久远的秘密法则的克服，也就是说，诗是对这尘世公平与正义的，一次最初，却历久弥新的召唤。

你一直关注诗歌，也有许多诗人朋友，最后请你谈谈诗歌与你创作的关系。

管：我在很多场合一再强调装置与诗歌的内在关联，诗歌应该讲是给我启示最大的一个艺术门类。虽然装置艺术是有关物与物、物与空间、物与时间、物在特定场域中的种种关联与矛盾状态形成的空间情境，并由此诉诸观念与思考。但无论是现成品还是自造物、包括空间与场所本身它不再是客体化的物理存在，它们的自然属性在装置创作中常常是被异化、消减或者强化到一个崭新的语境轨道，就像诗歌词中的文字被赋予新的指涉和语意。我曾经在与高士明、默默的对话中也都谈到这个内容。装置艺术中材料或者物在创作的轨道上不被定格静化，相反其物理属性、运动属性与时间空间的关系都被一定程度的揭示出来，并形成新的矛盾体，在新的轨道上生成语意和情境。

虽然在技术层面探讨装置时，我们会常常讨论：物的所指与能指、物与气场、物与叙事、物的存在与虚无、物的空间运动、物的时间绵延、物的干涉、短路、矛盾以及其他的存在状态等等；也会讨论诸如诗歌中的比赋、铺陈、隐喻、休止、转呈；讨论：文质、气骨、势韵、深密、轻浅、造景与造境等等。诗以“境界”为上，装置艺术何尝不是。装置作品置于展厅如同诗词展于眼前，每个人都在不同程度上感受作品、诠释语义、溢发想象。其实，有关现实与境界、形而下与形而上在装置艺术与诗歌中都有很多相似的玄河暗道，它们都不是靠观念符号的输出，重要的在于感受力。记得博尔赫斯说过：“诗歌并不诉诸理性而是诉诸想象”。这一点与装置艺术的最终关切是一致的。无论装置还是诗歌，生活中没有现成的奇观作为我们对象，即使有奇观我们也未必能赋予意义。装置与诗歌的意义在于从周遭的现实中发现诗性并赋之以形、凝炼成诗，感触心灵。

诗学 Poetics

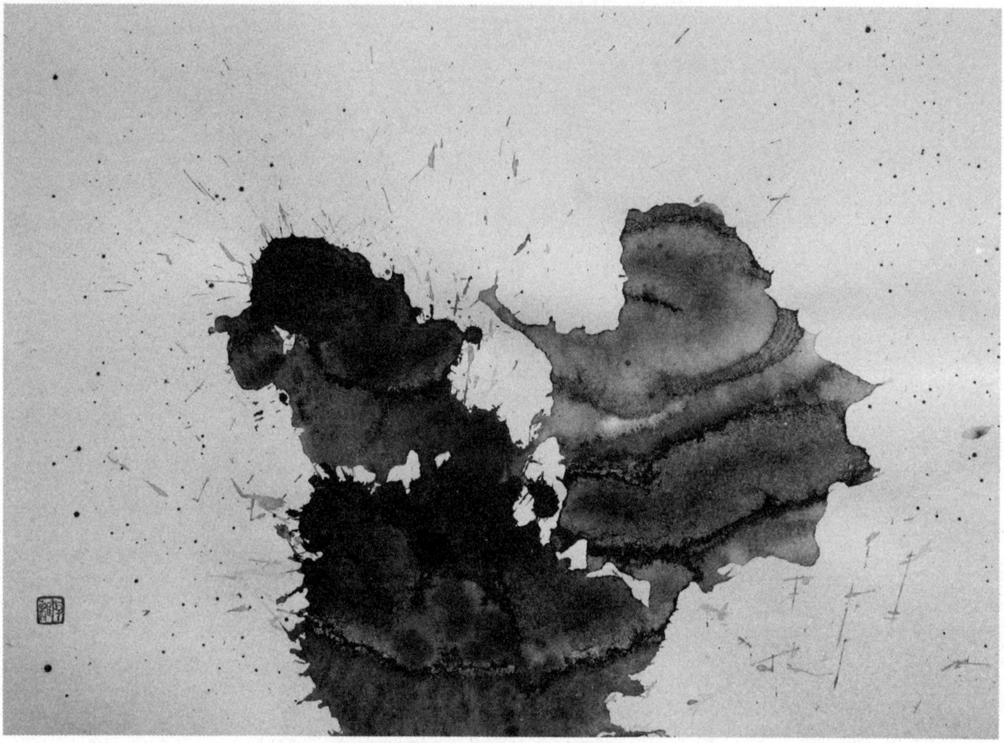

游离：水墨雕塑系列005　53cmx38cm　2015

诗是少数优秀人的事情

——诗人张曙光访谈录

吴投文 & 张曙光

"第三代诗歌与朦胧诗的一个重大差别就是诗歌观念上的分歧"

吴投文：上世纪80年代前期，朦胧诗是诗坛的一股热潮，很多诗人都谈到过朦胧诗对自己创作的影响，朦胧诗对你当时的创作产生过影响没有？请谈谈。

张曙光：80年代的确是一个很重要的时期，无论对我个人还是整个社会。那时西方现代派文学开始进入中国，我接触到了卡夫卡、艾略特、叶芝、萨特、加缪和博尔赫斯等人的作品，我的阅读兴趣差不多全部转移到这上面来。读朦胧诗要在这之前，应该是1979年左右，当时读得也很有限。有一次我去哈师大，见到一位叫魏宇光的写诗的朋友，他送给我几本邮购到的油印的《今天》，那可能算是最早的民刊了，上面就有北岛等人的诗。记得我们站在校园里交谈，一边翻看上面的诗，这些诗让我眼睛一亮。对于国内创作而言，这在当时算是一种全新的诗歌。但朦胧诗只是带给我一种启示，就是诗歌应该打破既有的格局，对我的写作直接的影响并不大，因为我的兴趣很快转移到西方现代作品上了。

吴投文：你当时的生活和创作情况如何？

张曙光：至于说到生活和创作，也有了很大的变化。我1981年毕业，结婚，生了女儿。那时我在一家报社工作，宿舍在一幢楼的最高层，九楼，就在霁虹桥的边上，面对着火车站。每到晚上，我望看窗子外面车站的蓝色信号灯，被一种巨大的孤独感所包围。当时我的写作正处于一种停滞状态，我不满意以前写的东西，想让自己的写作变得更具有现代感。在很长时间里，我一直不把自己的东西往外拿，直到1984年写出了《1965年》。

吴投文：80年代的诗歌景观确实给人留下了美好的记忆，现在看来，实际上那也是诗歌艺术从内部分化的一个年代。朦胧诗的热潮就很快过去了，“第三代诗歌”登上了自己的舞台。你的《1965年》突破朦胧诗相对固化的抒情模式，加入了叙述性的因素，显露出了一种新的艺术追求。你好像并不满意此前的诗歌，对朦胧诗大概也有某种警觉。是什么因素促使你反思自己的创作，写出了《1965年》？这首诗是童年经验的回放，注入了时代的底色，也似乎渗入了某种克制的悲伤。

张曙光：当时实际的情况可能有些复杂。一两句话说不清楚。有些写作是并行的，并不是像表面看上去那么对立。比如“第三代”诗歌，虽然有人提出pass北岛，就我的理解应该是超越而不是反对。这是两种全然不同的态度。“第三代”诗人，当然也包括我自己，反对的着眼点主要还是在朦胧诗之前的写作，那种缺乏个性、甚至是某些思想观念图解的诗歌。《1965年》把叙述性因素进一步强化了，最大可能地去除了抒情性，使诗歌看上去坚实了些。也包括你提到的“克制”，这样也就避免了过分张扬自我。

吴投文：这首诗在写法上与你此前的诗歌有什么区别？

张曙光：我想重要的是抒情方式的改变。在写这首诗之前的几年间，也就是在我刚刚接触到现代派的时候，我对自己的创作就感到不满意了。我试图努力寻找到一种新的有效的写作方式，一种更加适合表现自己内心也能容入更多经验的写作方式。《1965年》对于我来说是一个新的开端。

吴投文：这就涉及到诗歌观念的变革了。实际上，第三代诗歌与朦胧诗的一个重大差别就是诗歌观念上的分歧，也包括你所说的抒情方式的改变。这是一个分水岭。我感兴趣的是，你当时是在什么样的情景下写这首诗的？

张曙光：这首诗写起来很畅快。在这之前我写过一些诗，都不满意。后来我想写一首有关雪的诗，因为那段时间雪的感觉一直弥漫在我的头脑中。我试着写了一首，没有找到那种感觉。我感到沮丧。那天晚上躺在床上，一个句子冒了出来，“那一年冬天”，后面的句子接踵而至。第二天我凭着记忆写下来。说来也怪，这首诗一完成，那种感觉就消失了。

吴投文：《1965年》在当时是一种颇显新奇的写法，你是否有一些诗歌上的同道，也就是现在所说的诗歌圈子吧，他们当时的态度又是怎样的？

张曙光：这首诗写于1984年，当时并没有拿给人看，因为一些人还是喜欢朦胧诗那类东西，二者显然不大一样，我这个看上去不太像诗，至少在当时是这样。后来认识了萧开愚，他要我寄诗给他看，我就把这首诗寄了去，他看了很喜欢，并想帮我发表，但似乎碰了不少壁，我想当时可能并不被人看好，以致他写信感叹说为什么发点好东西这么难。这首诗最初只是发在德阳的一份诗报上，直到1987年才登在《北京文学》上面。

吴投文：哦，没想到这首诗的发表经历了这样的波折，看来那时候一般的诗歌读者还不习惯你这种叙述性的诗歌。那时候的诗歌交流不像现在这样方便，诗人的交流主要靠书信和相互间的串联，你是怎样认识萧开愚的？

张曙光：认识开愚是在1985年。说来有趣，我们是通过一个笔友专栏认识的，我的名字登在上面，他看到了，就写了一封信。很快我们就成为相知。那时他刚刚出道，意气风发。第二年他来哈尔滨我们见了面。他对诗歌思考得比较深入，而我更偏重感觉。是的，当时我们通信很勤，谈诗和读的书。他可以说是最早对我的写作作出肯定的人。

吴投文：当时你们是否就诗歌中的叙事性展开了比较深入的讨论？

张曙光：记不太清了，似乎并没有具体谈到叙事性的问题，因为那时还没有人明确提出这个概念，但可能提到这类写法吧。

“诗歌的本质是抒情；叙事和其他很多方法一样，只是一种写作策略”

吴投文：诗歌界和学术界比较系统地讨论诗歌中的叙事性问题，大约是进入新世纪之后的事情了。不过，在20世纪90年代叙事性被广泛引入了诗歌创作之中，尤其是在先锋诗歌中绵延成了一种“叙事诗学”，可以说实现了对20世纪80年代诗艺的某种颠覆性置换。叙事因素在诗歌中不是局部性的，而是构成了整体性的情境，乃至成了诗歌的基本构架，传统的抒情因素被严重挤压，或者被逐出了诗歌。在某种程度上，叙事性似乎成了诗歌写作的一种规范动作，由此也带来了很大的争议。你如何看待这种争议？

张曙光：任何事物都有正反两面，有些争议也很正常。但在回答这个问题前，先要明确两点。一个是诗歌的本质是抒情。另一个是叙事和其他很多方法一样，只是一种写作策略。叙事在90年代被普遍认可和使用，我想无非是人们不满意旧有的写作方式，想寻求一种新的抒情方式。叙事有助于表达新的经验，或者说，它所承载的内容更适合今天人们的审美。叙事在很大程度上剔除了旧有抒情方式中陈腐的因素，带给诗歌一种活力。如果肯定了这些也就足够了。说它是写作策略，就是说它仍属于一种权宜之计，既不是万能的或十全十美的，不必也不可能永久地持续下去。

吴投文：你被认为是最早自觉进行“叙事性”诗学探索并受到广泛关注的一位诗人，很多诗人同道如王家新、孙文波等人，都对你的“叙事性”探索表达了认同和赞赏。你把“叙事性”定位为一种写作策略，作为一种新的抒情方式落实在自己的写作中，这是一种理性的态度，并没有把“叙事性”强调到诗的本质的程度。实际的情形也是如此，叙事性在诗歌写作中的有效性并不是取决于叙事本身，而是取决于诗人对叙事的角度选择和锤炼，这就带来了当代诗歌在艺术上的某种突破。在我看来，叙事性实质上是对诗歌的抒情惰性的修复，在很多诗人那里，抒情变成了程序性的模式和手段，成了一种失去活力的表意符号，这时叙事因素的引入就改变了诗的内在格局，成了另一种有效的抒情方式。不过，问题接着也来了，当叙事性铺成一股潮流后，就出现了新的程序化的危机，大量的雷同之作就泛滥开来了。这大概也是“叙事性”诗学颇受争议的一个原因吧。与此相关的是，“叙事”和“叙事性”有何区别？这在实际的诗歌写作中似乎也缺乏一个相对清晰的边界，在很多诗人那里，叙事性被扭曲成了散文化的叙述，这离诗歌的抒情本质就很远了。根据你的写作实践，请谈谈你对诗歌“叙事性”的界定和理解。

张曙光：你的问题由学者和批评家回答可能会更好些，我只是一个诗人，只关心于找到一种对我个人有效的方法。况且我尝试过很多写作方式，并不是完全使用叙事。但既然提到了，我就简要地说一下我的看法，首先诗与叙事并不矛盾，世界文学史上最好的诗大都与叙事有关，如荷马、但丁、弥尔顿等人的创作。其次，说到叙事与叙事性的区别，我想举两个例子或许就可以说明：《木兰辞》是叙事，《诗经》开篇的《关雎》则为叙事性，二者都很出色。《关雎》并不一味抒情，而有情节元素在，从中我们知道了一个年轻人看上了一个身段很好的女孩，结果晚上失眠。而年轻人和女孩是什么人、结果如何都没有交代，叙事不完整，因而只能说有叙事成分或叙事性。

吴投文：现在的问题是叙事太滥了，几乎成了一种新的程序性写作。

张曙光：是的，叙事太滥确实是个问题，写得太滥的叙事性诗歌几乎快和写得太滥的传统抒情诗歌一样多了。但这是否应该归罪于叙事？我不知道。在我看来叙事只是一种方法，是众多写作方法之一，尽管在一定程度上也是一种行之有效的方法（不然就不会出现如你所说用得过滥的情况）。无论如何，用得好坏完全取决于个人，就像一台阑尾炎手术没有做好，不能怪手术本身，也不能怪阑尾，而是应该考虑手术的医生的责任心或技术是不是有问题。说到底，一个人写作的好坏并不能完全依赖某种方法，而是决定于他的人生阅历和经验，他的修养和审美情趣，以及他的境界，等等。

吴投文：我也注意到了，一些学者和批评家在讨论1990年代诗歌的时候，“叙事性”是一个使用频率很高的关键词，这表明“叙事性”成了90年代诗歌写作的一种时尚。不过，与80年代相比，90年代的诗歌写作是相对寂寞的。市场经济大潮的兴起充满了诱惑，当然还有其他更复杂的因素，一些诗人离开了，成了诗坛的失踪者，一些诗人在沉潜中写作，取得了不俗的成绩，但实际上到新世纪才得到了追加性的认可。你是这些沉潜者中的一位，请谈谈你上世纪90年代的诗歌写作。

张曙光：方法一旦成为时尚就不大好了（但也多少说明它的有效性）。就像那根老和尚的手指，是为了指向月亮而不是代替月亮。当它被认为就是月亮时，就应该砍掉了。当然砍掉有些残忍，但总该收起来吧。我也不满意自己被贴上了叙事的标签，似乎我除了叙事就没有写过别的。我90年代的写作有了些变化，最初写出了像《尤利西斯》《边缘的人》这类诗，在90年代末写了像《卡桑德拉》这类诗。沉思性增强了，更加日常化，力图通过语境间的转换容纳更多的经验。这在一定程度上是有意寻求的结果，也算得上是自然的过渡。经历了一些历史事件，人多少从浮躁变得沉静，眼界和阅读面也变宽了。当然就个人生活而言，我的80年代和90年代似乎没有太大的不同。上班，读书，写作，有时会会朋友，喝喝酒。的确，商品大潮涌来，有一些人离开了诗坛，我想这对于他们未必是不好的选择。朋友们分化了，有的疏远，有的成了陌路。说到沉潜，如果不是过于美化，那应该是诗人必须做到的。任何事情都是一样，想做出点成绩来，就要耐得住寂寞，忍常人不能之忍。这方面我做得不能算是很好。

“如果你恨谁，就劝他写诗；如果你喜欢谁，就劝他写诗”

吴投文：当时很多诗人下海了，留下来了就很不容易。你当时也有些想法吧？

张曙光：如果有可能，我也会做出选择吧，但最终没有离开的原因无非是除了写诗做不了别的，或者是觉得下海不比写诗更有意思。一些年后，我和一位年轻朋友张伟栋聊天，我说如果你恨谁，就劝他写诗。过了几年，一次见面时他突然笑了起来，说，我想起了你的那句话，还真对。写诗真是太难了。其实我的话对他只说了一半，另一半是，如果你喜欢谁，就劝他写诗。不是这样的话我早就该劝他放弃了。诗既难，又富于挑战性，世界上大约找不到多少比写诗更具挑战性的行当了。要想写好诗，由不得你不沉下来。这是选择也是限定，最初当你决定写诗时就已经注定你要这样走下去了。

吴投文：“如果你恨谁，就劝他写诗”，你这个说法颇有些复杂的意味，却也验证了一个事实：诗歌是难的，也是丰富的。这使我想起来了你的一首诗《岁月的遗照》，这是一首向1980年代告别的诗，一个诗意的时代一去不复返了。说实在话，你最初是用这首诗打动了我，引起了对你的注意。这首诗写于1993年，大概也暗喻了1990年代的文化情境，也隐约暗喻了1990年代诗歌的基本处境。2000年，程光炜先生编选出版了一本诗选，就用了你这首诗的题目《岁月的遗照》。这在当时是一本很有影响的诗选，乃至在诗歌界沉寂多年之后，在世纪之交引发了一场非常热闹的诗歌论争，这就是现在还常常被人提起的“盘峰论争”。但我有点奇怪的是，你自己似乎不是特别看重这首诗，是这样吗？为什么？请你谈谈。

张曙光：当时光炜因为这本诗集受到一些人的攻击，他被说成是我的朋友，选我似乎是出于私人情谊，但在编这本诗集时我们只见过两面，并不是很熟，当然光炜是优秀的评论家，也是很值得信赖的朋友。这首诗是对大学生活的追怀，有一些伤感，也带点虚无，算是一首关于青春的挽歌。也不是不太看重这首诗，只是感到不像另外一些诗那样有着对人生更深切的思考吧。但这首诗有几点还是值得一提，一个是这是我在电脑上写下的第一首诗。1993年我买了第一台电脑，286，40兆硬盘，现在看配置低得不能再低，但在当时已经是奢侈品了。这首诗写得很顺，一会儿工夫就完成了，让我增强了用电脑写作的信心。第二是你提到的程光炜编了本诗集，用了这首诗的标题做书名，成为一场论争的导火索。其实争论的焦点并没有真正触及到诗而只是诗的观念。在我看来，诗的观念仅仅是一个方面，重要的还是具体的写作。三是因为这首诗我和一位叫柯雷的汉学家有过小小的争论。

吴投文：哦，什么争论？

张曙光：也许算不上争论，只是表述了各自不同的看法而已。他对我提到这首诗，然后用带点批评的口吻问我里面为什么提到莎士比亚等外国诗人，而不是中国诗人，我说当时情况就是如此。我读大学时正是1978年后，当时对西方文化刚刚解禁，电影、小说、诗歌一股脑进来，令人目不暇接。这就是当时的现实。我反问他应该提到哪些中国诗人，他想了想，说比如何其芳。我中学时就读了何其芳，《我为少男少女歌唱》《画梦录》，但在我读大学那段时间根本不可能再去读他，以后也不会。谈话进行到这里，就没有再继续下去的可能了。但令我不解的是，一年多后柯雷寄来了一本杂志，把这首诗译成了荷兰文字发在上面。通过这件事，我对汉学家多少有些失望，他们尽可以说一口流利的汉语，却未必能真正理解中国文学，对中国的真正的现实也相当隔膜，往往带有一种居高临下的姿态。为什么不能写莎士比亚呢？莎士比亚不是荷兰的，甚至不是英国的，而是世界的。如果一个西方诗人在作品中谈及中国作家，没有人会提出异议，但为什么中国作家在作品中只能谈及中国诗人呢？另一方面，写作难道不应该尊重现实吗？当时几乎所有诗人的兴趣就在西方文学上。一些汉学家希望在中国人的作品中看到只是中国化，似乎中国诗人不应像外国诗人那样享有更广阔的空间。很奇怪，他们似乎希望中国人成为民族主义者——现在狼真的来了——也就是说，中国人在他们的印象中拖着一根辫子，那么到死也就应该拖这根辫子，不能剪掉。现在回头看，中国诗人中有些还不错，如戴望舒、梁宗岱、冯至、穆旦、卞之琳等人，但他们可以作为我们尊敬的写作前辈，却不大可能构成为我们写作的偶像。总之，我不知道这首诗到底有多少价值——就像我同样不知道我其他诗歌有多少价值一样——但它确实和当时的文化情境有着暧昧的纠缠不清的关系。

“诗歌并不是以读者多少来决定优劣，中国诗歌的命运应该握在中国诗人的手上”

吴投文：说到汉学家，我也有些疑惑。他们对中国新诗所面临的文化语境还是有些隔膜，要他们把中国新诗的经典之作遴选出来，恐怕也是一个过高的预期，这方面的工作还得我们自己去做。不过，我仍然觉得他们看待中国新诗有一种跨文化的眼光，他们的见解也有很多新颖的东西，对中国新诗有传播之功。进入新世纪之后，中国进一步融入了全球化进程，国际交流大大提速，很多诗人有了走出国门的机会，可以与其他国家和民族的诗人进行直接的面对面的交流。这对中国诗歌的推广来说，确实是一个福音。你也有过游历西方国家的经历，这种游历也在你的一些诗中得到了反映。根据你的亲身观察，中国诗歌在国外的传播情况怎样？也请谈谈你的诗歌被国外译介的情况。

张曙光：可能会有一些吧，但我想不会太多。我是非著名诗人，没有太多人关注也是很正常的。说实话，具体情况我真的不是十分清楚，因为多数时候即使被译介了自己也看不到（所以我要感谢柯雷还能寄我一本杂志）。中国诗歌能在国外传播当然是好事，如果真的引起国外读者的注意，并由此弘扬中华文化我会感到高兴，但这既不是我所关心的，也不是我能关心的。我并不奢望有多少外国读者读到或喜欢我的诗，甚至对国内读者也从不敢抱太大期望。我一直认为诗人老老实实写自己的诗就是尽到了本分，其他的事情都不重要。同样，我顽固地抱有一种传统认识——也许是错的——诗歌并不是以读者多少来决定优劣，中国诗歌的命运应该握在中国诗人而不是少数几个汉学家的手上。当然，能够面对面地交流诗艺当然很好，但我怀疑就外语水准而言，没有几个中国诗人真正做到深度交流，况且文化和语境各不相同。以我的外语水平来说，我的交流方式只能是通过阅读。

吴投文：你是太谦虚了哦！通过我对你诗歌的阅读和其他方面的了解，觉得你的个性沉静内敛，从不张扬自己的诗歌，我也算见多了太多诗人的狂妄，做到你这一点的诗人是并不多的。我想，你以一种非常谦逊的姿态写作，恰恰也代表了诗歌纯正精神的一个方面。因为研究和教学的需要，我平常也读一些汉学家的著作，最主要的还是欣赏他们的研究方法和跨文化视野，但学术界似乎太迷信汉学家了，有的甚至到了唯汉学家马首是瞻的地步，这就陷入了误区。我也注意到，一些诗人似乎失去了自我，刻意去结交汉学家和国外尤其是西方国家的诗人，似乎如此就介入了国际诗坛。当然，中国确实也有一些诗人以自己的创作实力在世界上产生了一定程度的影响，不在此列。你怎样看待这种现象？请谈谈。

张曙光：有时我们自以为是大海，其实可能不过是一杯水。说到沽名钓誉，任何时候都有，而尤以今天为甚。现在诗歌创作标准失范，叫得响的就是老大。但这些虚名毕竟是过眼烟云，最终还是一场空。我一直以来信奉一句话：艺术家靠作品决定成败。当然一个人成功有时也要凭一点运气，但总的说来最终还是要靠作品。当然我们的情况会很特殊，有很多假牛布衣式的人物，因此也要时刻警惕自己不要成为这样的角色。

吴投文：确实如此。假牛布衣式的人物多了，诗坛就成了一个熙熙攘攘的名利场。

张曙光：确实也有一些很优秀的诗人在国外产生了影响，这是好事。但出出国被介绍出去并不等于真的进入国际诗坛。国际诗坛是一个怎样的存在？又在哪里呢？虚幻得很。中国诗歌存在很多问题，最大的问题就是浮躁和浮夸，最终可能使一切都成为浮云。说到汉学家，本来就是中国诗歌的研究者，和你我没有什么不同，他们的优势是像你说的研究方法和跨文化视野（这一点现在一些中国学人也能做到），也有劣势，即语言和文化的隔膜使他们无法透过语言和文化表层深入理解作品的神髓和独特品质，而更多局限于某些观念或意识形态上。好的批评应该是建立在审美基础上，有时实际情况并不是这样。但我们没有必要去指责别人，还是努力把自己的事情做好吧。

吴投文：是啊。这些汉学家的角色有点错位了。不过，他们的介入还是带动了中国诗歌的传播。尤其是到了新世纪，传播的渠道更加多元化了，国际性的诗歌交流不可避免，一个关键是我们自己要有文化自信，不能用汉学家的视野完全取代了我们自己的视野，也不能在全球化的过程中忘记眷顾我们自己的传统。新世纪的文化情境变得更加复杂了，诗歌的境遇也发生了深刻的变化，一些诗人的创作切入了这个时代的变化，在顺应中改变了自己和丰富了自己，当然也有的变得更加贫乏了。请谈谈你在新世纪写作的一些具体情形。

张曙光：我同意你的看法。全球化是一种趋势，我们一方面要尽可能地吸收异质文化中好的东西，另一方面也要在此基础上寻求差异性。文化上的差异性可能是对抗全球化的有效方式。2000年以后，我的写作应该有了一些变化。比如说，有些认识进一步明确了。具体体现在诗歌与时代的关系上。有人一听到提及时代就会反感，因为我们在一段时间里听惯了时代号角这类说法。其实是不同的。时代与写作的关系是非常重要的。任何一位伟大的诗人或作家，总是和他的时代有着密切关系的，如奥登提到的但丁和卡夫卡。首先作家要认知他的时代并从中获取写作的资源。其次，他要在作品中对时代做出反应。写作就是同时代博弈，跳双人舞。作家应该是形象化的思想者和历史学家，当然也是个人化的。但我认为个人化无非就是一种方式，一种出发点，这种个人化如果不能上升到普遍意义上是没有多少价值的。博尔赫斯在什么地方说过，一个画家画了一辈子，他所有的作品拼在一起便构成了画家的形象。而我要说，所有的画家形象拼在一起便成了时代的形象。我们都是时代的产物，既受惠于时代又受限于时代。这些年来，我更加注重日常化，也尽量加大情感因素，努力让诗包含更多的感性因素。我一直在寻求变化，每个阶段都有不同，很难说得清楚。

"真正的艺术家应该是自由的，敢于打破规则，同样，他给自己限定规则"

吴投文：从1980年代初你在就读大学期间开始写诗，至今已三十多年了，这期间中国新诗发生了很大的变化，也可以说是形成了新诗自身的演变或者流变的轨迹。你的诗歌实际上一直在追求切入时代内部的深刻裂变，形成了自己的艺术风格。当然，你的写作也不是一味求新求变，有自己核心的内在的东西，大概就是对诗歌的形式感和话语方式有自己的理解和追求，守中有变，变中有守吧，对诗歌的创新有比较清醒和辩证的认识。你的创作大致分为几个阶段？请谈谈。

张曙光：这对我来说是个难题。我尽量做些回答吧。我从1978年开始写诗，一直到1984年，这算是学习准备阶段吧。这之后到90年代，接受了西方现代诗的影响，剔除了多余的抒情和伤感，多用陈述性语句，使诗变得坚实有力了，具有了现代性。内容上多为回忆，从个人和家庭出发，对现实做历史性的思考。90年代到1996年迷恋叶芝和阿什贝利，也借用了神话因素，对生存状况进行反思，内容开阔了些，也力图容纳进更多经验。1996年到2000年前后把前面两个阶段的写法做了某些融合。再往后就是前面说的，追求日常化，在一定程度上去除形式坚硬的外壳，追求语言的流动性，让智性和情感达到平衡。

吴投文：这样看来，你每个阶段的创作还是有一些侧重点的，有变有守，保持了写作风格的相对稳定性。

张曙光：有人私底下批评我缺少变化，说我所有的诗像是在一天写下的。呵呵，这听起来更像是一种恭维。可惜不是这样。有时我在同一时间写下的东西就完全不同。那样说可能还是对我的诗不够熟悉，也可能是我的语气没有太大变化。语气是不太容易变化的，两个人几十年后相见，外貌变了，声音也苍老了，但说话的语气却不大会改变。可能还有一些基本的东西你不会去动它，你说得对，的确每个人在内心深处都有某些核心的东西，这可能是先验的，也可能是后天的，如审美趣味、形式感和话语方式，就像人的各种不同口味一样，这些会在相当程度上保持稳定，决定着吸收哪些东西，拒绝哪些东西。另外，单纯地追求变化并不是难事，重要的是要达到怎样的效果。变化和不变是一对矛盾，挺有意思。《易经》的"易"有变易的意思，事物相生相克，繁衍不息。同样，身为大儒的董仲舒又说，天不变道亦不变。一个变一个不变，人世间的奥秘也许就在其中。

吴投文：从你所说的这几个阶段来看，你的诗歌实际上也具有丰富的侧面，可能你的语气和腔调在诗中是一以贯之的，没有什么大的变化，形成了自己独特的语感，这是风格上的一个标志。但我也注意到，你新世纪之后的诗歌似乎融入了更多的抒情成分，即使是陈述性的语句，也往往敞开了一种极具个人化的主观视野，同时带入了一种纵深的思想感。应该说，你新世纪之后的诗歌更显得有一种个人的气象了，语感的自适排除了由客观化所带来的某种障碍，语言的流动性敞开了一个新颖的世界。当然，争议仍然会有。语感是诗人们普遍重视的，你也非常重视语感的营构，你的诗中所使用的陈述性的语句，实际上是靠语感推动的，诗的表达效果也就由此产生了。但很奇怪的是，一般读者往往进入不了这种没有明显外在节奏的语感，诗人们精心营构的语感效果，他们根本上就是茫然的，这种语感在他们看来是非诗性的。你怎么看待这种现象？也请谈谈你是如何处理诗的语感的。

张曙光：我确实很重视语感。这样说似乎并不准确，因为在一定程度上并非有意为之，而是成为一种不自觉的行为。当我读一首诗时，如果没有语感便读不下去。情况就是这样。在我的一些诗里，陈述代替了抒情，联想代替了想象，语感代替了外在节奏，前面两项在我90年代前的写作中表现得更明显。我常说，艺术没有绝对的规则。真正的艺术家应该是自由的，敢于打破规则，同样，他给自己限定规则。这些规则越多越具体，个人风格就越突出。蒙太奇曾是电影中最有效的方法，但有些导演就用长镜头代替。齐泽克就谈到，希区柯克的《夺命索》禁止蒙太奇的出现。我的诗正像你说的，有很多侧面，这个只有少数细心的人才看得出，但最明显的仍然是语感。我自己觉得我的诗读起来很上口，不乏节奏感，甚至担心太过流畅了。但有一次一位年轻诗人批评我的诗缺乏节奏感，这让我不解。她曾是我的学生，诗也写得很好，甚至在别人看来受到过我的影响，应该比别人更了解我的诗。我想了好久，后来终于有些明白原因了。从波德莱尔和稍后的象征主义一直到今天，在西方前后经历了一百多年的时间，其中有渐进也有突变，但每个过程都是完整的、清晰的。而在中国这些被压缩在二三十年的时间里，你想想会是怎样？这就像十九世纪、二十世纪和二十一世纪的人同时出现在我们身边，他们的衣着、谈吐、举止尤其是思想观念和思维方式各不相同，你会接受哪个？当然你可以按自己的喜好做出选择，但历史和文化的发展又有一定的趋势。这就造成了中国诗坛特有的现象，仅就审美趣味而言，有人停留在十九世纪的象征派上，有人钟情现代主义，也有一少部分人能继续向前走。我并不是说中国文学一定要经历西方文学的阶段，但影响和总体走势总是不可避免的。于是我们周围就出现了不同时代的人。这是作者，读者的情况更是如此。

吴投文：是啊。中国新诗走过的路对我们富有启示意味，原因确实是很复杂的。

张曙光：诗人的任务是写好诗，写出自己心目中最好的诗，总不能停在那里等着读者赶上来。其实多数读者是真诚的，希望读到好的东西，也能在一定程度上接受好的东西，如果有人恰当地指出的话。这就要靠批评家们多做工作了。还是说语感吧。我在写作时尽可能按照说话的方式以求达到自然的口语化的效果，因为我相信只有口语才能容纳得进更多的日常经验，而日常经验我认为是非常重要的。另外按照呼吸和当时的情绪控制节奏。这方面美国诗提供了很好的经验。从威廉斯开始，不再按照音步而是按呼吸处理句子，黑山派诗人发展了这种方法，到了金斯伯格那里发展到了极致，以至于罗伯特•洛厄尔也感到羡慕，他不断修改自己的诗以适合朗读。庞德的《诗章》包罗万象，最突出的就是他的语感。在语感上我心仪的前辈大师是叶芝、庞德、阿什贝利和洛厄尔，也可能还要包括弗罗斯特和金斯伯格。

吴投文：你这里提到了一些西方现代诗人，有的也是我感兴趣的。从你的写作经历来看，你对现代西方诗歌进行了广泛的研读，一些西方诗人也对你的创作产生了影响。可能在一些人看来，你的诗歌知识分子的气味也太浓了一些，你的诗中不时出现一些外国的人名、地名和其他的文化景观，似乎像一道障碍隔开了一般读者的涉入。恕我孤陋寡闻，对你诗中出现的一些外国人名、景物和西方典故，我也有点莫名所以，这还是多少影响了对作品的理解。对一般读者来说，疏离感可能就更明显了。这也是一个普遍现象，在不少诗人的作品中，这些西方元素似乎显得太多了一些，这也给人留下了攻击的口实。我也确实有一些困惑，觉得这种写法也许疏离了诗人自身所处的文化语境。请你谈谈如何看待这种现象。

张曙光：对西方现代诗我还算熟悉，对中国古典诗也有一定的了解。说我知识分子气息太浓，如果不是误会，那就是把知识分子的门槛放得太低了。从某些方面讲，我算是个知识分子，读过几年书，又在大学教课，但在另外的方面又称不上知识分子，勉强算是个文科技工吧。无论如何，我在写作时从来不以知识分子自居，甚至也不以诗人身份自居，而是从一个普通人的角度出发。知识分子讲理性，讲社会责任，讲学识，这些都是我在写作时力求避免的。感性，个人意趣，这些可能对诗更重要。当然我不是主张诗歌逃避社会责任，而是说这些应该自然地包含在作品中，而没有必要去刻意强调。

“决定优秀的并不在于好不好懂，重要的是要从写作效果出发”

吴投文：我所说的知识分子气味也指书卷气，比如在诗中引经据典，有不少诗人好像形成了这种习惯，甚至一些诗歌后面还有大段的注释，变得有点像论文的格式了。说实在话，我有点不太习惯读这类诗。

张曙光：我理解你说的书卷气应该是书生气或学究气吧？我也不太喜欢。但这与引经据典并没有太大关系。书生气应该是一种迂腐，食古不化或食洋不化。我反对以学问入诗，但诗歌毕竟是一种复杂的内在经验的体现，有时也不能不借助其他文本，也不可能不包含一些知识性的内容，但这与卖弄学问应该没有关系。比如，中国古典诗如果没有注释大多数是看不懂的，当然那些注释是别人完成的。在我的诗里并不存在学术气或学究气，也可能是我的学养还不够吧。说到我的一些诗中出现的西方的人名或地名，其实并不是很多，也算不上生僻。如尤利西斯和卡桑德拉，这是希腊神话中的人物，还有一首诗提到了托马斯和萨宾娜，这是昆德拉《生命中不能承受之轻》中的角色。哪个读书人没读过这本书呢？至少也会看过《布拉格之恋》的影碟吧？这些对西方文化稍有了解便会知道。艾略特写《荒原》用了十几种不同语言的引文和典故，读起来很难，但并没有妨碍《荒原》成为二十世纪诗歌的里程碑。乔伊斯在写《尤利西斯》时还故意制造一些阅读障碍，他说是为了后来研究者的饭碗，在我看来他没那么好心，还是另有用意吧。和他们相比，我连小巫都不是。有些阅读障碍其实并不是坏事，它会让我们停下来思考。艰深总是好过肤浅。动动脑子翻翻书总会有所收益。你可以举例说白居易的诗好懂，我同样可以举例说李商隐的诗不好懂。没有人会怀疑他们都是优秀的诗人，可见决定优秀的并不在于好不好懂，重要的是要从写作效果出发。我写尤利西斯和卡桑德拉，因为前者成为精神漂泊的符号，后者代表了预言者的悲剧，她清楚地看清了前面是什么，可说出来没有人相信。还有什么比她更能代表诗人的处境？说到文化语境，我觉得不能理解得过于狭窄，很多国外的东西已经进入了我们的文化语境，成为其中的一部分了，如米老鼠，如情人节。就像很多美国诗人谈寒山，谈禅，我们可以慷慨地把寒山和禅送给他们，为什么不能从他们那里拿到些东西呢？在信息化社会，在全球化的今天，文化语境打开了，有时难分彼此。就像对一些年轻人来说，他们可能更清楚情人节，却不一定知道七夕。

吴投文：现在总有人抱怨诗歌读不懂，实际上也有知识上的欠缺，另一方面大概也缺乏阅读的动力。诗歌的读者群似乎越来越小，倒是值得忧虑。

张曙光：诗总是少数人的事，无论是读还是写。如果你不反对的话，我还要说，诗是少数优秀人的事情。无论你写得如何好懂，不读诗的人总归是不会去读的。读诗的人也不会因为某一首诗难懂而放弃诗歌。我想喜欢诗的人也会同样喜欢诗中的阅读障碍，如果解决了这些障碍会带给你某种启示和愉悦的话。至少这种疏离感为我们的谈话提供了一个有趣的话题。

吴投文：我认同你的这个说法，“诗总是少数人的事，无论是读还是写”，总有一些人责怪现代诗晦涩难懂，你的回答确实触及到了问题的某种根源。我也注意到，你对中国古典诗也有相当深入的了解，这在你的诗中也透露了某些信息。你大概特别喜欢陶渊明吧，你有几首以陶渊明为题的诗，如长诗《盛夏读陶渊明》《陶渊明如何在二十世纪生活》等。我正好在读《陶渊明集》，我感兴趣的是，是什么触动你去读陶渊明和写这几首诗的？

张曙光：陶渊明非常了不起，不是他弃官不做，而是他没有任何姿态感，从来不以隐士高人自居，也不标榜自己是农民，真正做回了自己。他做人自自然然，写诗也自自然然，但你也许注意到了，他的诗在自然后面别有一种淳厚。他的诗并不故作艰深，读起来却也不是过于流畅，总有些“拗”的地方。这是有意为之，是他真正高明的地方。李白的诗就有些过于流利了，一泻千里，气势固然不凡，但也容易变得一览无余，缺少余韵。适当地在诗中加上点阻碍，让人们放缓阅读速度，便于更好地体会其中的意味。他超脱，但并非不食人间烟火；旷达，却也有一腔壮怀。他又能把这些对立的东西很好地表现在他的诗中，真的是达到了很高的境界。古典诗歌我最喜欢的有三部，《诗经》《古诗十九首》和陶渊明。每年夏天，我都要读一读陶诗，也一直希望把其中的一些元素运用到现代诗中。《陶渊明如何在二十世纪生活》写得比较早，大约是在八几年，是想通过假想陶生活在二十世纪会发生什么来暗示诗人的现实处境，后来又做了改写。写《盛夏读陶渊明》的那个夏天很热，读陶诗时触发了我对现实的一些思考，尽力在夏天的景物中寻找到与陶诗中接近的地方。

吴投文：中国古典诗影响到你的写作没有？

张曙光：影响应该是有的，但主要是精神气质上的。当然个中的情况有点复杂。古诗在形式和语言方面与今天的诗歌有很大的不同，但格调和境界却是我们缺少的。我以为接受古典诗的影响最好是内在化的而不是外在的描摹。我写作时力图避开一些古诗的情境和语言，尤其是那些过分矫饰的东西，另一方面又希望在风格和格调上以古典诗作为参照。总之，我不太赞成一味拟古。尤其在今天，写作不要带有酸腐气，更不要有遗老遗少的做派。

借鉴古典诗我以为应该是体会其内在精神、格调和气韵，而这些通过潜移默化的吸收可能效果会更好些。

吴投文：你对中国古典诗的吸收是深层次的，不是停留在一般性的拟古层面。这就是一种创造性的化用，是把古典诗的精神、气韵融化到自己的创作中去，而且形成了自己的风格。你说诗中要有些“拗”的地方，不能写得过于顺畅，也正中我怀。实际上做起来很不容易，要“拗”得自然却不能显得突兀，要顺应语感的自然流动，否则就显得做作了。很多人不能体会到这一点，因此写不好诗，也读不懂诗。另外，我感兴趣的是，你还是一位有影响的翻译家，你关于“拗”的这些思考，是否与你对西方诗歌原作的阅读有关，还是受到了中国古典诗歌中韩孟诗派作诗务求“用思艰险”一路的影响？请你谈谈。

张曙光：创造性化用我希望做到，至于是否做到、做得怎样还不好说，也并不想强加给别人。在我看来，“拗”与“顺”放在一起构成了一对矛盾，才会产生张力。光是拗或光是顺就不会有这样的效果。把相互矛盾的因素放在一起，让它们相互作用，可能构成了写作的某种奥秘。就说卡夫卡，他的小说情节极为荒诞，但读起来却不会让你感到是在瞎编，因为他的细节是非常真实的。《荒原》大量运用象征，一首诗，尤其是长诗，过多的象征会显得空泛，但艾略特掺入了一些近乎自然主义的描写。还有陶渊明，苏东坡对他的评语也很有意思：质而实绮，癯而实腴。质也好，绮也好，单一做到都不难，但把它们有机结合在一起就很高明了。我们说什么好经常会说不可方物，陶诗做到这种程度真的可以说是不可方物。“郊寒岛瘦”，寒与瘦当然作为风格是很突出的，但一味寒瘦下去即为着相，不如陶的圆融无碍。这些认识与我平时的阅读有关，但很难确定具体是受到哪位作家的启发。东方的阴阳互补，西方的矛盾统一，可能是这一切的基础吧。对“拗”的思考也是包含在其中。阅读和翻译可能都起到了一些作用，所谓观千剑然后知剑。当然，说知剑也不过是知道了一点普泛的道理，并不值得夸耀。

“欧化无非是个伪命题，一旦语言上的尝试被说成‘欧化’就等于被彻底否定”

吴投文：你既是诗人，又是翻译家，尽管诗人同时是翻译家的也不少见，但你却翻译了但丁的《神曲》，这在诗人翻译家里就显得有些不同了。

你是什么时候开始翻译外国诗歌的？我觉得一个诗人对于翻译对象的选择，并不是毫无来由的，其中可能包含着某种深层心理因素，当然有的纯粹是对翻译对象的喜好。你为什么要选择翻译《神曲》？在翻译的过程中有不少困难吧？

张曙光：我最初的翻译是出于精读的考虑，是为了更好地体会原作。翻译《神曲》也是这样。我一直喜爱但丁，和喜爱陶渊明有着差不多相同的原因。他们的风格都很质朴，但在表面的简单和质朴之后又隐含着丰富。他们都很伟大，但他们却很少有意去炫耀自己的伟大。《神曲》前后共花了三年多的时间，在很多方面对我都是挑战，甚至远远超过了写作。写作可以避开你不懂的，翻译不行。这是一次艰难的朝圣之路，但得到的收获是不言而喻的。

吴投文：你还翻译出版了切·米沃什的诗选，这也是我关注和喜爱的一位诗人。

张曙光：译米沃什是在但丁之前。因为出版社急着出书，其中大部分诗作是在几个月间完成的。还好，他的重要作品基本上包括在了里面。其中有一些错误，但整体来说尤其是表现原作的风格上我还算是满意。米沃什对人类生存处境的关注和对历史深沉的反思给了我启示。同样，他热爱生活，在他充当时代见证人之外的一些关于个人生活的诗作使我感受到他充沛的活力。

吴投文：自1980年代以来，米沃什的诗歌在中国受到了普遍的欢迎，很多诗人都受到了他的深刻影响。我注意到，在一些诗人的写作中，米沃什似乎成了一个精神的先导者。有些诗人也并不讳言这一点。在翻译过来的外国诗人里面，这可能也是并不多的特例。作为米沃什诗歌的译者，请你谈谈何以产生这种现象。

张曙光：我想应该与米沃什诗中体现出的人类良知、道义的力量有关，而这些又通过精湛的诗艺体现出来。但是很遗憾，这些品质应该是我们写作中匮乏的，至少没有达到那样的高度和深度。国内诗歌在某种程度上存在着浅薄、浮夸的风气，米沃什的诗可能会起到一种矫正的作用，这也许是米沃什受到欢迎的原因吧。问题我们对米沃什的译介还很不够，对他的深入研究也几乎是空白。其他的就不是我能说清的了。

吴投文：米沃什有一首《在月亮》，“在月亮升起时女人们穿着花衣服闲逛……”我非常喜欢。这是一首纯粹的诗，却不是“纯诗”，寥寥几句，诗意圆融，境界开阔，日常生活被引入了深沉的哲思之中，似乎焕发了一层圣洁的光彩。另外，我觉得这首诗在语言上显示了一种新奇的创造性，当然不是表层的语句语法上的颠覆，而是由深层的诗意内转所形成的语言的自身的生长，扭转了语言与现实的单一对应关系，获得了语言与现实的双重生长性。你如何看待外国诗歌对中国当代诗歌语言的影响。

张曙光：我也喜欢这首诗。米沃什从一个普通的生活场景入手，升华到一种终极的认识。不黏不滞，转换自如，非大手笔不能做到。我觉得外国诗的中译对中国诗歌语言的影响应该说功莫大焉。当然有人指出今天的汉语太过欧化，但有人随即指出批评者使用的语言同样欧化。与其说欧化，不如说是变化，或者说是丰富和发展了。如果语言总是一成不变，不能随时代而发展，那么情形会是怎样？我们走在街上，遇见了，用秦汉的声调拱手打着招呼：投文兄别来无恙乎？然后跨进汽车扬尘而去，未免可笑。语言除了日常交流的功用外，再就是抒情状物，揭示存在。诗应属于后者。你说得对，语言是对应现实或经验的。检验一种语言的优劣要看能够在多大程度上准确传达或表现出我们内心复杂的感觉和经验，而不是看在多大程度上保持汉化。说到汉化，我也并不反对，但真正的汉化肯定要回到白话文前的文言，而且我拿不准是以秦汉为标准还是以唐宋为标准，抑或是明清？至于说担心“欧化”会失去汉语的精髓，那也未免太小瞧汉语了。譬如我们吃肉，不必担心吃了牛肉会变成牛，吃了猪肉会变成猪。换个说法，我们今天穿的衣服也很“欧化”，但并不妨碍我们仍是中国人，是不是中国人是由我们内在的气质、精神和文化决定的，外在的那些只是起到一种衬托作用。扯远了，简单说，现代汉语用于书写总共不到一百年的历史，还不够成熟，需要内在的努力和外部的参考。译诗为汉语提供的不仅是一种参照，也包括语言的方式。

吴投文：你提到了“欧化”和“汉化”，我的意见和你可能稍稍不同。由翻译所带动的“欧化”革新了新诗的语言，给现代汉语注入了新的活力，但也产生了一定的偏差，确实有一些诗人写得像翻译体，这就超出了合理的限度。一般读者不习惯阅读新诗，语言上的“欧化”大概是一个重要原因。当然，回到传统的“汉化”也不可能，但新诗语言的民族化路径确实是一个不容回避的问题，这可能要在“欧化”和“汉化”的张力中去寻找可行之路。请你谈谈“欧化”和“汉化”的关系。

张曙光：也许是吧。说到底这是汉语的适应性问题。任何一种语言都不是固态的，它必须不断做出改变来适应变化着的生活本身。但是不是一有变化就要被说成欧化？在我看来，欧化无非是个伪命题，更像罗兰•巴特所说的贴标签，是同语反复，一旦语言上的尝试被说成“欧化”就等于被彻底否定，再无任何可能。其实任何外来的因素，一旦进入汉语，就成为汉语自身的一部分了，它服从于汉语的规则和特性，同时也为汉语增添了可能性。至于你提到的过分的翻译体诗歌我还没有注意到，即使有，也肯定不会成为写作的主流吧。无论如何，新诗的语言必须完善，以便更大限度地发挥作用。我以为新诗语言的完善或改变应该有两个入径：内部的和外部的。外部的是借用其他不同语言的有效成分，来弥补自身的不足。内部的则是充分发挥汉语自身的特性和技能，使之适应今天的需求。这些（内与外）都应建立在对汉语自身特性深刻了解的基础上才能实现。归根结蒂，一切服从于表意的需要。至于读者的接受与否与读者自身的水平相关，一首诗水平的高低在很大程度上取决于读者水平的高低，但这些涉及到诗歌的普及教育，与我们谈论的问题并无关联。

吴投文：你提到汉语的适应性问题，这确实很有针对性。新诗的语言长期受到诟病，这方面的压力主要来自一般读者的不适应。我觉得新诗的语言现在已经发展到了一个新的转型关头，我对诗人们所展开的语言创新怀着乐观的预期。回到我们刚才的话题，翻译对你的写作产生了影响没有？

张曙光：影响肯定是有的，主要是在对时代的关注上，在诗艺上我说不太清楚，可能还是会有一些潜在的教益。

“诗应该在审美上给人以愉悦，这一点应该和真实几乎同等重要”

吴投文：你的诗歌中实际上包含了一些非常复杂的东西，其中可能有来自广泛阅读和翻译的综合性影响吧。你在《我的生活与写作》中说：“我在自己的写作中力求将写作中的古典主义精神与现代风格结合在一起。”我感到你的写作显得谨慎而克制，可能就和这种追求有关。你从大学时代开始写诗，至今出版的有诗集《小丑的花格外衣》《雪或者其他》《张曙光诗歌》以及刚出版不久的《闹鬼的房子》，数量并不是很多，除了《闹鬼的房子》这本，其他的几本篇幅都不大，薄薄的，却都很有分量。看得出你的整个写作都贯串了一种严谨的写作精神，你在具体的写作中对自己有哪些要求？请谈谈。

张曙光：写作到了一定阶段，会自然而然地形成自己的美学上的追求。加上对现实和写作的思考，这些可能决定了你去写什么和怎么写。也可能会给自己提出某些要求吧，比如写不出时不要硬写，形式要稍稍严整些，又不能过于严整，不要有太多的议论，不要卖弄学识和才气，不要写得沉闷，更要剔除一些陈腐的观念和见解，等等。但这些只是在平时去想的，在具体写每一首诗时我却是尽可能放开，去倾听自己内心的声音。即使在这种情况下，你的审美趣味，你的阅读和平时的训练仍然会不自觉地发挥作用。

吴投文：在写作中有焦虑感吗？一个诗人在写作中要承受一些沉重的东西，有时会变得非常艰难，焦虑和压力就出现了。这大概是写作中常有的现象，我也常常体会到这一点。

张曙光：焦虑经常会有。写不出的时候焦虑，写不好时也焦虑。在刚开始写作时并不是这样，那时并不在乎写得好坏，只要能够自我表达就满意了。我喜欢那种状态，也努力回到那种状态。做一件事情沉下心去做就行了，不要把成败过于放在心上。

吴投文：我注意到，你的不少诗中写到了雪，比如《下雪的日子》《雪中散步》《雪的梦》《圣诞降雪》等等。有人做了一个粗略的统计，认为你是写雪写得最多的诗人之一。这大概与你生活的环境很有关系吧。现在有诗人提倡地方主义诗歌，看重诗歌中对地方性因素的表现。你认同这个说法吗？请谈谈。

张曙光：的确，在我的诗中多次出现过雪，这就是我生活的环境，每年至少有四五个月的时间要在冰天雪地中度过。雪对于我是个很复杂的意象。打个不很恰当的比方说，像一对厌倦了的情人，但最终谁也甩不掉谁。说到地方性，我的看法有了很大的改变。原来我并不看重地方性，这在当时或许有一定道理，因为在诗歌获得一种世界性的眼光之前强调地方性会使诗歌变得狭隘。但现在视野打开了，在某种程度上和国外诗歌站在了同一起跑线上，对地方性的强调就很有必要了。它可以使诗歌更加具有当下情境，强化了诗的质地。我不太清楚地方主义的诗歌主张，在我看来，地方主义诗歌还是想通过凸显地方性以期体现一种独特的风貌，但无论如何仍然是一种写作策略。

吴投文：环境对你的创作产生了哪些影响？

张曙光：应该是多方面的。哈尔滨城市的历史只有一百多年，是伴随着中东铁路兴起的。这里没有太多的传统的历史文化因袭，一些西方现代的文化和生活方式很早就进入到这里，所以这里的诗人在接受现代性上可能更容易些，更加具有包容性，很少有陈腐气。这里景物疏朗，也有助于人们形成简洁明快的写作风格。我想可能是这样的。

吴投文：我读过一些诗人写你的文章，都提到你是一位沉静的写作者，确实你的诗中也有一种静气，这与外界的喧嚣氛围是相抵触的。你的写作是否有计划性？请谈谈你近期的写作计划。

张曙光：也许算不上沉静，只是外界太喧嚣了。但诗坛总还是有一些人能够沉下来写作，或是做一些于诗歌有益的工作。能够成为这些人中的一员让我感到欣慰。我对诗歌有一些想法，也想做些尝试。但我的写作没有计划，我是个很随性的人，只是想写了就写。在很多时候当我写下第一个句子的时候，根本不知道后面会出现什么。我喜欢这个样子，因为总会出现一些惊喜，一些让你意想不到的东西，你会把这视为意外的收获。这也许是对写作艰辛的一种补偿吧。

吴投文：最后，请谈谈你的诗观。

张曙光：诗观最好是从一个人的诗中来认识和获取。但非要我说的话，我只能说我一方面追求一种内在的真实，这在我看来非常重要。诗人写作时应该真诚，态度诚恳。同样诗也应该在审美上给人以愉悦，这一点应该和真实几乎同等重要。还有前面提到的古典精神和现代手法，二者应该达到一种均衡。现代感也是我要强调的，一是要理解我们这个时代和人类的生存处境，站在这个时代思想文化的高度来看待一切，再就是接受新的艺术和美学上的成果，不断地在艺术上出新。我理解现代感应该由这两方面构成。在语言和风格上，我力求做到质朴些，沉稳些。要尽可能地避开典雅，让诗粗粝些，有力些。诗是什么呢？不同人可能会有不同的理解，而不同的理解就形成了不同的诗风。奥顿曾经说过，诗不会使任何事情发生，这是对的。但另一方面，诗对我们这个世界传情达意，教会人们看待事物的方式。诗作用于心灵，会使人的内心保持柔软。也许就是这样。

“先锋”作为“情本体”

——从雷武铃诗歌看建设中国先锋诗歌的可能

冯　强

把雷武铃放到中国“先锋”诗歌的谱系中，可能会让他本人感到吃惊。因为在中国，“先锋”虽有“探索”和“自由”的属性，同时它也隐约与“冒犯”、“不妥协”、“异端”甚至“极端”这样一些解构性词汇联系在一起，而这与雷武铃诗歌的温厚与中正显然有距离。在其起源地欧美，“先锋诗歌”在写作和批评界不再是一个时髦的话题。在中国，情况要好一些，属于第三代诗人的张枣和桑克都把先锋性和现代性关联起来，使前者成为后者的主要内核①，臧棣也认为近百年来的诗歌实践中，“先锋性其实已成为诗歌的一个本体范畴”②。我本人也倾向于在先锋派、先锋运动终结或式微这一前提下，仍然把“先锋”作为一种价值去探讨其中蕴藏的可能，这同桑克把“先锋性作为一种建设性”③的思路是一致的。

本文旨在从雷武铃诗歌讨论建设中国先锋诗歌的可能。这一工作从于坚、张曙光、孙文波、萧开愚等第三代诗人觉醒的语言意识就开始了，对“拒绝隐喻”和“叙事性”的强调既松动了政治意识形态和相应的政治抒情诗形式，又成为90年代以来我们建设中国先锋诗歌的起点，并非为解构而解构。我们曾经把包括第三代诗歌在内的后“文革”时代的诗歌统统划到“先锋诗歌”范畴中，或者干脆认为第三代诗歌就是中国先锋诗歌的真正

---

① 张枣《文学史……现代性……秋夜》，载《张枣随笔选》，第193页，人民文学出版社2012年版；桑克《当代诗歌的先锋性——从肆无忌惮的破坏到惊心动魄的细致》，载《江汉大学学报（人文科学版）》2005年第4期

② 周瓒、桑克、臧棣、张桃洲、西渡、杨小滨六人对话《当代诗歌的先锋性》，刊于《扬子江》诗刊2003年第5期

③ 桑克《当代诗歌的先锋性——从肆无忌惮的破坏到惊心动魄的细致》，载《江汉大学学报（人文科学版）》2005年第4期

起点。从长时段讲，这个判断无疑有合理性。但如果我们仍需建立一套“中国先锋诗歌”的言说系统，就需要对庞杂的“第三代诗歌”中的先锋性做重新梳理。这里我借助李泽厚人类学历史本体论的一些看法，冒昧提出以“情本体”以及在诗歌实践上同“情本体”相关的“美学（作为第一哲学）”、“审美”和“情理结构”等等作为建设中国先锋诗歌的可能范畴，请方家指正。在引入这些范畴之前，我们有必要重新回顾一下欧美先锋诗歌的终结。

一、语言的死本能：欧美语境中“先锋诗歌”的终结

关于现代诗歌，帕斯70年代初在哈佛大学的诺顿文学讲座《泥淖之子：从浪漫主义到先锋派的现代诗歌》（Children of the Mire: Modern Poetry from Romanticism to the Avant-Garde）有充分的阐释。帕斯将现代诗歌视为西方传统孕育下的产物，尽管所谓的“西方”内部千差万别，但是“西方世界唯有一种现代诗歌”，这一诗歌的起点就是18世纪晚期兴起的浪漫主义。简单地说，现代诗歌“诞生自英、德两国的浪漫主义，变形为法国象征主义和西班牙语美洲的现代主义运动；并最终在二十世纪的先锋派运动中达到高潮”[①]。浪漫主义和先锋派至少在以下几点具有相似性：都是青年运动；反抗理性结构及其价值；承认身体的激情和想象的基础地位——情欲、梦境和灵感；尝试破坏可见的现实，并通过魔幻、超现实等手段发现或发明另外的现实[②]。而把先锋派和浪漫主义联结到一起的，是“反对自身的传统”（tradition against itself）这一靠否定维系和延续自身的“现代传统”（the Modern Tradition）。

帕斯认为现代和现代诗歌都是西方的产物，这一产物尤其和基督教传统和大革命传统联系在一起，现代之为现代必须在同基督教和大革命的参照下才有可能。“现代起于上帝和存在、启示与理性间不可调和的冲突”[③]，起于（批判）理性“同基督教社会的决裂”[④]：“现代性开端于对基督教‘永

① Octavio Paz, Children of the Mire,trans. Rachel Phillips,Harvard University Press, 1991, preface

② Octavio Paz,Children of the Mire,trans. Rachel Phillips,Harvard University Press, 1991, p.102

③ Octavio Paz,Children of the Mire,trans. Rachel Phillips,Harvard University Press, 1991, p.25

④ Octavio Paz,Children of the Mire,trans. Rachel Phillips,Harvard University Press, 1991, p.27

恒’的批判”[①]，现代性就是“批判的激情（critical passion）”[②]。从现代起，西方人就开始将命运与历史（history）而非上帝联系在一起，历史成为他们通往完美的途径，而未来被想象为进步。尘世的历史行动代替了与上帝融为一体的渴望成为通向完美的法则，这就是伴随18世纪浪漫主义诗歌到20世纪先锋派诗歌的几次大革命，“革命就是批判转变为行动”。吊诡的是，“革命”在取得现代的线性进化论方向的同时，并未完全取消其语源上的循环模式，它同时也是对“初始时间”的复归，是“先于历史和不平等状态”之“平等个体间原始契约”的恢复[③]。“初始时间”才是批判的最终胜利，“只有现代能把我们带回初始时间，因为只有它能否定自身”[④]。也就是说，革命既是对宗教的批判，也是对宗教的保留，基督教的顺从、消极同革命的暴力、积极，最后的审判同最少的革命之间具备隐匿的关联。

同列奥•施特劳斯的解决方案类似[⑤]，帕斯认为西方的问题在于如何使上帝与存在、启示与理性这些相反对的因素统一起来，而非将其中之一排除在方案之外[⑥]，帕斯认为浪漫主义之后西方诗歌和文学的基本要素是“没有上帝的基督教和基督教式的异教”[⑦]。因此，他为浪漫主义以来的现代诗歌规定了一个同时保留宗教和革命因素的矛盾而含混的内核：现代诗歌的历史在宗教和革命的双重诱惑中摇摆，他赋予了现代诗歌超宗教、超革命的地位，认为现代诗歌既是先于一切宗教启示的原初语言，也是历史和变化的革命语言。它同时反对现代和基督教，但也同时承认现代世界（革命）的历史时间和基督教（最初的无罪状态）的社会时间。建立新社会的革命主题将开端的时间放在未来，恢复原初清白的宗教主题将绝对的过去置于当下的堕落

---

① Octavio Paz,Children of the Mire,trans. Rachel Phillips,Harvard University Press, 1991, p.31

② Octavio Paz,Children of the Mire,trans. Rachel Phillips,Harvard University Press, 1991, p.3

亨克尔将浪漫主义概括为“现代性的第一次自我批判”参 维塞尔《马克思与浪漫派的反讽：论马克思主义神话诗学的本源》，陈开华 译，华东师范大学出版社2008年版，第19页

③ Octavio Paz,Children of the Mire,trans. Rachel Phillips,Harvard University Press, 1991, p.36

两场诗歌运动与当时发生的两场大革命的关联密切，对浪漫主义，是法国大革命、雅各宾恐怖和拿破仑帝国，对先锋派，是俄国革命、大清洗和斯大林的专制暴政。参p.103

④ Octavio Paz,Children of the Mire,trans. Rachel Phillips,Harvard University Press,1991,p.36

⑤ 参 莎迪亚·B.德鲁里《列奥·施特劳斯的政治观念》第三章“哲学对神的秘密反抗”，张新刚、张源 译，王利 校译，新星出版社2009年版

⑥ Octavio Paz,Children of the Mire,trans. Rachel Phillips,Harvard University Press,1991,p.26

⑦ Octavio Paz,Children of the Mire,trans. Rachel Phillips,Harvard University Press, 1991, p.50

之前[1]。现代诗歌改变现实的冲动在魔法和政治、宗教诱惑和革命诱惑两个相反相成的方向上展开，前者试图消除西方人与自然的分离而恢复堕落之前的生命树状态，或将自身从历史中解放出来，后者则渴望以自身的智慧征服历史和自然。我们可以从中看到帕斯所谓的“自由与命运的辩证法”：“自由依赖于命运、上帝以及生物和社会等对其构成限定或否定的维度。而为了展开自身，命运又依赖于自由的复杂性”[2]。现代诗歌在宗教和革命之间的摇摆恰恰是自由和命运之间的对谈。这又牵涉到帕斯观察到的，从浪漫主义者到先锋派诗歌以来的现代诗人都面临艺术和生活之间的对抗——如何应对诗歌与社会之间的这种不和已经成为浪漫主义时代以来核心和隐秘的诗歌主题——而他们都未让此对抗解决或消失[3]。如何通过自由的诗歌写作组织一种新的生活实践，让一种值得过的人生命运显影出来[4]，就成为一个核心问题。但在浪漫主义到先锋派的发展历程中，帕斯看不到解决艺术/生活矛盾的出路：先锋派不同于浪漫主义的特征之一是将浪漫反讽变成了元反讽（meta-irony），前者贬低客体，后者则失去了对客体价值的兴趣，只在符号层面关心诸多客体如何象征性地运作：“元反讽显示出事物的‘高阶’（价值）和‘低阶’（价值）是如何紧密地相互依存，这迫使我们不得不悬置自身的判断力。这并非价值的转换，而是道德和美学失却标准之后的解放：彼此矛盾的事物和价值开始交叉”[5]，“元反讽将客体从时间、将符号从意义的担荷下解放出来……有着一股将一切翻转至其反面的亢奋”[6]。困于将语言作为主要文学体制这一局面，20世纪最优秀的先锋派比如乔伊斯同时对语言和通过语言说出的、对看之主体和被看之客体进行批判，在这一流通体制中，语言处于中心地位，而作者和读者不过语言的两个时刻。当后先锋派的艺术家不具备乔伊斯或杜尚的才华和控制能力时，先锋派的元反讽就会落入为批判而批判、为反讽而反讽的泥淖，艺术中的暴力和极端主义就会将艺术家带

---

① Octavio Paz,Children of the Mire,trans. Rachel Phillips,Harvard University Press,1991,p.37

② “Your enemy is also human”: Octavio Paz on the Spanish civil war, making peace with Pablo Neruda, and the mystery of freedom. Interviewed by Alfred Mac Adam.The Paris Review No. 119 Summer 1991.http://www.theparisreview.org/interviews/2192/the-art-of-poetry-no-42-octavio-paz

③ Octavio Paz,Children of the Mire,trans. Rachel Phillips,Harvard University Press,1991, preface, pp.112-113

④ 可以对参比格尔《先锋派理论》（高建平 译，商务印书馆2002年版）和加塞特《艺术的去人性化》（莫娅妮 译，译林出版社2010年版）

⑤ Octavio Paz,Children of the Mire,trans. Rachel Phillips,Harvard University Press, 1991, p.112

⑥ Octavio Paz,Children of the Mire,trans. Rachel Phillips,Harvard University Press, 1991, p.114

到其能力的极限，现代艺术和诗歌也就逐步丧失其否定的能力：它越来越成为一种仪式性的重复，反叛沦为程序、批判沦为修辞、僭越沦为客套。否定不再是创造性的。与遵循直线时间想象的反讽和进化论文明竭力掩盖死亡不同，元反讽陷入一种我将之称为“语言的死本能”的境地。先锋派最终结束了浪漫主义“反对自身的传统”，浪漫主义的自我批判被关闭了[①]。那么现代艺术没有未来了吗？“我不是说我们生活在艺术的终点：我们生活在现代艺术观念的终点。”[②]我本人就是希望借助李泽厚围绕“度”的一系列思想，从这一现代诗歌观念的终点来谈论雷武铃的诗歌，并试图在此基础上发展起一种不同的先锋诗歌理论。

二、再人性化：先锋诗歌实践中的“情本体”

在我看来，建立在各种“元反讽”之上的“语言的死本能”之最大问题是对人性和现实的遮蔽。加塞特在《艺术的去人性化》中已将这一问题阐述得很清楚，胡戈•弗里德里希的《现代诗歌的结构：19世纪中期至20世纪中期的抒情诗》继承了加塞特的这一观察，并且在肯定的意义上将德国诗人贝恩“风格高于真理”（Style is superior to truth）中的“风格”界定为“让事实变异（deformieren）”：现代诗歌“向来就要消除‘所是’和‘所显’之间的区别，向来就让自己的材料臣服于诗歌精神的权力。然而，所谓现代就是指，从创新性幻想和独立语言中诞生的世界是现实世界的敌人”[③]。没有疑问，弗里德里希一定会陷入帕斯指出的现代诗歌的泥淖当中。

唐•库比特指出“康德和浪漫主义之后，尤其是20世纪早期哲学转向语言之后，旧的圣言的创造力观念回归了”[④]。死去的只是外在于人类的上帝，语言学转向带来的后现代主义后果是取消了欧美文化的“外在性”，把语言和文本等同于生活世界，一切都在语言中，一切都在时间中，一切都在文化中。这样，上帝、耶稣和神学以“奇异”的方式回归到世俗的语言一生活中，虽然门徒们已经辨认不出耶稣的面容。库比特也认为当下“只存在一

---

① Octavio Paz,Children of the Mire,trans. Rachel Phillips,Harvard University Press,1991, p.103

② Octavio Paz,Children of the Mire,trans. Rachel Phillips,Harvard University Press,1991, p.149

③ 胡戈·弗里德里希《现代诗歌的结构：19世纪中期至20世纪中期的抒情诗》，李双志译，译林出版社2010年版，第156、190页

④ 唐·库比特《神学的奇异回归——基督教在后现代思想中的变迁》，王志成、刘瑞青、李圆圆 译，社会科学文献出版社2013年版，第9-10页

个世界”，但“我们所能拥有的唯一的世界就是我们在语言中获准进入的世界”，这里我们看到欧美文化的两个头颅——犹太-基督教启示和希腊理性——“上帝不是一个实体，也不是一个曾经创造万有的超级存在，而是一个持续的自我涌现的‘存—在’，它通过我们的语言呈现出来”[①]。“我们的语言”是《创世记》中圣言的后裔，也是狂欢的酒神的后裔，是说着古希腊语的摩西，是荷尔德林诗中混为一体的基督和狄奥尼索斯[②]，从此，欧美这些“空的激进人文主义者”和“后现代虚无主义者”的命运只能是“被语言一次次创造又一次次消解”[③]，他们到底没有走出“语言—知识—权力”的牢笼。

致力于建设“中国当代先锋诗歌”，张枣在世纪初曾指出当代诗歌对欧美“元诗结构的全面沉浸”即“用封闭的能指方式来命名所造成的生活与艺术脱节的危机”，隐含在这一危机背后的“词即是物”的信念恰与“词不是物，诗歌必须改变自己和生活”的“汉语诗歌核心诗学理想”相冲突[④]。但张枣也认为中国人的“修养”仍然趋向于一个“超验”“本体”——这是理解“先锋”的上行路线，其下行路线为“极端性”——“我们在二十世纪同样失去了古代的那种传统。留下了空白”[⑤]，并认为这与欧美上帝之死后留下的空白是“同构”的。虽然明确意识到文化心理结构上中国的一个世界和欧美的两个世界的截然不同，却又殷殷希望一种“内在的心性”可以发挥出上帝的超验功能。他试图在诗歌写作中建立的心体或性体以及他最终以“写”来克服传统“修养”丧失之后的努力，似乎把宋明理学以来包括现代新儒家在内的儒学三期同语言学转向之后欧美后现代主义思潮连接到一起。他将“生活的困难”同“诗歌的困难”、“言说之困难”和“发声的危机”等同起来，并着力于“将生活与现实的困难与危机转化为写作本身的难言和险境”[⑥]，最终，他仍然陷入语言的泥淖不能自拔。

将语言和文本等同于生活世界，背后仍是彼岸与此岸、本体与现象两个世界的二元思维，不过彼岸和本体以语言稀释和幽灵的方式继续存在于此岸

---

① 唐·库比特《神学的奇异回归——基督教在后现代思想中的变迁》，王志成、刘瑞青、李圆圆 译，社会科学文献出版社2013年版，第191、209页

② 弗兰克《浪漫派的将来之神:新神话学讲稿》，李双志 译，华东师范大学出版社2011年版，第10、11讲

③ 唐·库比特《神学的奇异回归——基督教在后现代思想中的变迁》，王志成、刘瑞青、李圆圆 译，社会科学文献出版社2013年版，第191、209页

④ 张枣《张枣随笔选》，颜炼军 编选，人民文学出版社2012年版，第191页

⑤ 张枣《张枣随笔选》，颜炼军 编选，人民文学出版社2012年版，第102页

⑥ 张枣《张枣随笔选》，颜炼军 编选，人民文学出版社2012年版，第192、176、152、173页

和现象中。李泽厚反对把作为中介的语言视为实体从而取消实体，“人的存在的基本需求，从吃饭到精神归宿，都不是语言”，比语言更重要的是人类和个体在具体的历史情境和具体的历史实践过程中呈现的人性和心理问题。日常生活和生活中的人性先于语言。相比之下，语言首先“缺乏度”①。“度”是李泽厚“人类学历史本体论的第一范畴”②，即“掌握分寸，恰到好处”，它首先是在实践和行动中建立起来的，解决的是“活着”的问题。进一步，人类学历史本体论以“理性（人类、历史、必然）始，以感情（个体、偶然、心理）终”③——它要解决“如何在工具本体之上生长出情感本体、心理本体”的新“天人合一”④。这牵涉到“人类学历史本体论”的另一重要范畴“美”——“美是‘度’的自由运用”⑤，这恰是“情本体”的探究⑥。“所谓‘情本体’，是以‘情’为人生的最终实在、根本”⑦。这里的“情”是情感，也是情境，但又不是单纯的情感（欲望），而是经过理性积淀和融化之后情理交融的新感性和新审美，它区别于自然人性论的欲（动物）本体和道德形而上学的理（神）本体，其关键就是“情理结构”问题，即“情（欲）与理是以何种方式、比例、关系、韵律而相关联系、渗透、交叉、重叠着”⑧，这是“人之所以为人即人性的核心部分”⑨。职是之故，“情本体”不唯不唯情是瞻，反而“肯定理性是人性形成的关键，展望理性更为广阔的未来”⑩。

相对于加塞特分析的欧美现代艺术的“去人性化”，中国先锋诗歌瞩目于如何将诗歌“再人性化”，并且思考如何重新关联诗歌与生活、自由与命运，这一点与帕斯是一致的：在李泽厚，所谓“人类学历史本体”不是理念、绝对精神或任何宗教、政治意识形态，而是生在一定时空条件的群体情境之中的“每个活生生的人（个体）的日常生活本身”⑪， 而因为**情本体总是要从总体人类的历史积淀走向个体，具有不同情感取向的个体根据不同情**

① 李泽厚《历史本体论·己卯五说》，生活·读书·新知三联书店2008年版，第16页

② 李泽厚《历史本体论·己卯五说》，生活·读书·新知三联书店2008年版，第10页

③ 李泽厚《历史本体论·己卯五说》，生活·读书·新知三联书店2008年版，第108页

④ 李泽厚《历史本体论·己卯五说》，生活·读书·新知三联书店2008年版，第262页

⑤ 李泽厚《实用理性与乐感文化》，生活·读书·新知三联书店2008年版，第41页

⑥ 李泽厚《实用理性与乐感文化》，生活·读书·新知三联书店2008年版，第113页

⑦ 李泽厚《实用理性与乐感文化》，生活·读书·新知三联书店2008年版，第54页

⑧ 李泽厚《实用理性与乐感文化》，生活·读书·新知三联书店2008年版，第70页。“感情喷发难得，喷发中包含分析更难”。参萧开愚《要好玩，但还不够》http://user.qzone.qq.com/187211632/blog/1432255457

⑨ 李泽厚《李泽厚对话集·中国哲学登场》，中华书局2014年版，第274页

⑩ 李泽厚《实用理性与乐感文化》，生活·读书·新知三联书店2008年版，第113页

⑪ 李泽厚《历史本体论·己卯五说》，生活·读书·新知三联书店2008年版，第20页

境随物赋形作出的选择，这就决定了“情本体”承认人生中的偶然、神秘和不确定性等理性不能掌控的部分，这也是人的自由可以自由运用“度”的形式感的地方，实是走出“语言—知识—权力”的“无本体”。这里我们看到“人类学历史本体论”的归宿：在认识和伦理的普遍启蒙之后如何超越启蒙和理性，“使个体从集体、从理性、从各种约束中解放出来”，使“这个个体性”得到安顿[①]。不确定的命运要求我们去“立命”，建基于此人类学历史本体的情本体诗学自然也就继承了其为个体安身立命的使命[②]，它面对的是“活着的意义”。**中国先锋诗歌作为探索、体认和建构人性问题即情理结构的重要手段，它最终要确立起对人有根本价值的情本体，**这与欧美先锋诗歌对“元反讽”的执迷和对意义的弃敝恰成两辙，不是自律于日常之外与日常生活隔绝，而恰恰是生活实践的一部分。不同于欧美文化中的从属于哲学的地位，在李泽厚这里，美学是（未来的）“第一哲学”，因为它“既是人性能力的最初萌芽，却又可以是不断发展成长的最高成果，它是人性中最为贯穿而又最为开放的部分”[③]，既可以带动认识（“以美启真”）和伦理（“以美储善”），又可以超出理性对感性的规范和主宰，达到“审美神学”和“情感神学”[④]这样一种半宗教半哲学的境界，以一个世界中自足的“审美本体”取代欧美文化中两个世界的人格神宗教崇拜。**从把握组织语言的形式感自然生出情感上对那不可知的“物自体”的敬畏感，这是我所谓作为“情本体”的中国先锋诗歌的关键所在。**

三、中国语境中的两种先锋取向和对中国先锋诗歌的进一步界定

李泽厚曾经区分过“文化心理结构”和“心理文化结构”两个术语。后者是“心理的文化结构，是外在的东西变成人的心理的某种框架、规范、理性”，用以控制人的感性，前者强调感性的形成过程（forming），尽管同是中国人，都有中国文化的积淀，而情感和心理总是个体和多元的、复杂而独特的，“文化通过心理来积淀。心理是和生理、个性、人格联系在一起的”。[⑤]粗略地看，中国当代诗歌也可以区分为这样两派。我鲁莽地把杨炼和欧阳江

① 李泽厚《历史本体论·己卯五说》，生活·读书·新知三联书店2008年版，第124页

② 李泽厚《实用理性与乐感文化》，生活·读书·新知三联书店2008年版，第97页

③ 李泽厚《华夏美学·美学四讲》（增订版），生活·读书·新知三联书店2008年版，第423页

④ 李泽厚《历史本体论·己卯五说》，生活·读书·新知三联书店2008年版，第108、116页

⑤ 李泽厚《李泽厚对话集·九十年代》，中华书局2014年版，第119、121页

河划到后一派，把雷武铃放到前一派，而把张枣放到中间。

欧阳江河不满王东东和姜涛以“诡辩”定位其诗歌语言，而纠正以“‘悖论式语言’或‘矛盾修辞法’”[①]，与之相对的是欧阳江河的长诗《凤凰》，其中“首先值得注意的地方……在整个诗篇中，没有出现第一人称主语‘我’”[②]。从《傍晚穿过广场》到《凤凰》，欧阳江河最大的一个变化，是从一种和死亡平视、倾听乃至纠缠的位置提升到俯视和旁观，把面对他人死亡的欠负感“升华”为超越了个体死亡的“万古闲愁”之永恒感，这种外表冷静、内里对中国文化和经济沾沾自喜的“大国写作”心态[③]，一方面把中国文化做了框架化的处理（“万古闲愁”），另一方面也对自身的诗歌做了去人性化的处理，诗人成了“亡灵”的代言人，一切也成了“亡灵”的俯瞰，这样一种缺乏个体情感的对集体和文化无意识之执着，我们在贾平凹《老生》中能通阴阳两界、专在葬礼上唱丧歌的“老生”身上也能看到，二者都是典型的“心理文化结构”。说张枣处于“文化心理结构”和“心理文化结构”的中间，因为他明确意识到“现代性的关键语素特别强调主体，强调个人主义，强调‘我’怎么看待这个世界。但是中国的古代汉语里，不光有‘我’怎样看这个世界，还有这个世界怎样看‘我’”，既意识到现代诗歌对个体性情感和形式感的强调，又意识到重新恢复古代汉语中“天人合一”的敬畏感的必要，意识到“人类的诗意是发自赞美，而不是发自讽刺……中国汉语最伟大之处就是它的赞美性”。张枣的问题可能是受西方现代诗歌思维影响太深，“希望在我的诗歌中再现一个宇宙”的庞大理想使他未能脱出诗歌转向语言之后的局限。从汉语上升到文化，以汉语“命名或者笼罩世界万物”“以形成一个帝国”[④]，就像《纽约夜眺》（1994）和《大地之歌》（1999）里隐含的中国文化帝国和美国文明帝国的对抗，恰恰忽视了人类学历史本体论的物质—工具本体这一历史前提。

---

① 参王辰龙、欧阳江河《消费时代的诗人及其抱负》，载《新文学评论》2013年第3期；另参 王东东《“凝结成一个全体”：当代诗中的词与物——以欧阳江河〈凤凰〉为中心》，载《新诗评论》2012年第1辑；姜涛《历史想象力如何可能：几部长诗的阅读札记》，载《文艺研究》2013年第4期。我认为“诡辩”正是帕斯“元反讽”的另一种恰切表达。

② 杨庆祥《“在天空中凝结成一个全体”——<凤凰>的风景发现和历史辩证法 》，载《南方文坛》2013年第4期

③ 参冯强《从“傍晚穿过广场”到“大国写作”：关于<凤凰>的几点疑问》，未刊；李笠诗歌《所谓的“大国写作”》http://blog.sina.com.cn/s/blog_62464ba40102vni3.html；何同彬、欧阳江河《若无死亡冲动,别去碰诗》，载《当代作家评论》2010年4期；傅小平《欧阳江河：我的写作要表达反消费的美学诉求》，载《文学报》2013年1月31日

④ 张枣《张枣随笔选》，颜炼军编选，人民文学出版社2012年版，第228-231页

我把张枣念兹在兹的“甜”同他所谓的“修养”联系到一起，这自然又能追溯到宋明理学，实际上，“秦汉之后性善情恶（就）成为专制帝国统治子民的正统论断”，虽然明中叶以及清末和五四时期“情”“欲”有所反弹，“又很快被革命中的修养理论和现代新儒家的道德形而上学从实践上和理论上再次压倒”[①]。这里涉及到李泽厚的儒学分期，“儒学三期”主要是宋明理学（现代新儒家也包括在内）的心性儒学，“儒学四期”也就是以情本体为特征的“人类学历史本体论”[②]，二者的区别，前者高扬伦理主体却忽略了个体的情和欲，抽出了偶然、不确定性和神秘性的具体情境，超验的道德理性成为宿命占据了个体情理结构的绝对统治地位，个体审美意义上的自由被取消。

中国文化语境中，“先锋文学”最神奇的地方在于其和“纯文学”和“现代主义”的重合[③]，这意味着中国的先锋诗歌不是单纯的“破”，而是破立相合，诗歌革命的同时也就在建构新的秩序。在讨论“先锋诗歌的悖论”时，张曙光认为与先锋诗歌对“现代性”的追求相区分，仍然需要“在内容和形式上，或创新(冒险)和传统(即布罗茨基所说的前辈作家)间找到一个平衡点”[④]。情本体意义上的中国先锋诗歌则翻转过来，将这样一个“平衡点”视为真正中国先锋性和现代性的体现（着眼点仍是“一个世界”），它虽不同于上一节中工具本体意义上的“度”，但作为语言材料的具体组织和呈现（赋形），诗歌实践也“表征为各种结构和形式的建立”[⑤]，这也必然牵涉到跃向“美”（作为“自由的形式”）的诗歌之“度”，这个“度”囊括了“情理结构”，也囊括了张曙光所关心的传统与现代性的关系，这其实回到了“情本体”的另一个重要内涵即具体历史情境。早岁以“先锋”闻名的于坚在新世纪就认为“先锋是后退的，不一定总是在前进的”[⑥]，孙文波也多次强调先锋诗歌的“回溯”性质，把“激活传统”视为“先锋性中不可或缺的一环”[⑦]。我们需要重新阐明中国先锋诗歌中的“形”“神”关系、“变”与“不变”之关系。萧开愚曾说“没有西方诗，中国诗人就不会把诗写成现在这个样子。我喜欢杜甫、陶渊明的诗胜过喜欢任何西方诗人，

---

① 李泽厚《实用理性与乐感文化》，生活·读书·新知三联书店2008年版，第55页

② 李泽厚《历史本体论·己卯五说》，生活·读书·新知三联书店2008年版，第147页

③ 陶东风《文学的祛魅》，载《文艺争鸣》2006年第1期；吴炫《新时期文学热点作品讲演录》，广西师范大学出版社2004年版，第122-128页

④ 张曙光《先锋诗歌的悖论》，载《诗林》2006年第2期

⑤ 李泽厚《历史本体论·己卯五说》，生活·读书·新知三联书店2008年版，第11页

⑥ 于坚《还乡的可能性》，商务印书馆2013年版，第262页

⑦孙文波《孙文波谈诗人和诗》，载《成言》艺术第五期2002年2月号

但杜甫、陶渊明较少影响到我的写作。相反（包括不入流的）每一个西方诗人都深深介入了中国诗人的写作”[①]。在技艺层面也就是新的形式感之确立方面，先锋诗歌需要依据时代和个人心绪的变化做出自身的探索，另一方面，“自己美学的家”[②]也就是作为“文化心理结构”的“神”则是在相当长远的历史时期中积淀形成的，即使有变化也是缓慢的，所以格非说，“整个中国近现代的文学固然可以被看成是向外学习的过程，同时也是一个更为隐秘的回溯性过程，也就是说，对中国传统的再确认过程”[③]。倒是在欧美文化中，我们可以看到其上帝转向语言和文本之后的再次偏移，比如罗兰•巴特晚年所说的“先锋派的后卫”——“做先锋派，就是知道什么正在死亡；做后卫，就是还在爱着什么”[④]——实际上是从语言和文本回到基本的情感和人性，他悼念亡母的《明室》和《哀痛日记》是非常明显的例证。从比格尔阐述的欧洲先锋派融合艺术与生活的初衷之失败看，“中国先锋诗歌”可以被视为“自由的生活实践的一部分”[⑤]。

在谈及90年代被普遍运用的叙事性时，张曙光认为这在很大程度上是一种寻求更好审美方式的诗歌策略，不过是“一种新的抒情方式”，因为“诗歌的本质是抒情”[⑥]。在“我其实是一个抒情诗人”的访谈中，于坚也认为“长诗的内在结构并非叙事性的……是一种力量的推进的质感的东西”[⑦]。广义上说，这种推动性的“力量”和“抒情”仍然是一种形而上学，但绝非欧美传统中此岸和彼岸、现象和本体二元对立意义上的形而上学（这也是“元反讽”得以出现的前提），它可以范导和维护建立在现代自由主义基础上的“社会性道德”，也可以超出这样一个前提性的社会性道德，因为“在自由主义上有没有一个神灵，就是有没有‘德’这个东西”[⑧]，情本体更大程度上是一种与社会性道德相对和相补充的宗教性道德相关，它可以为个体提供终极价值，并有可能在历史实践中慢慢渗入和影响到现代社会性道德。

---

①萧开愚、余弦《个人写作但是在个人与世界之间——萧开愚访谈录》，载《北京文学》1998年第8期

②飞沙、萧开愚《诗是太昂贵的东西——近访萧开愚》。载《文学界》2006年第7期。

④安托瓦纳·贡巴尼翁《反现代派——从约瑟夫·德·迈斯特到罗兰·巴特》，郭宏安译，生活·读书·新知三联书店2009年版，第487、505页

⑤彼得·比格尔《先锋派理论》，高建平译，商务印书馆2002年版，第125页

⑥诗人张曙光访谈录——诗是少数优秀人的事情》凤凰网《读药》147期http://book.ifeng.com/a/20150513/14848_0.shtml。另参孙文波《我理解的90年代：个人写作、叙事及其他》，载《诗探索》1999年第2辑

⑦于坚《还乡的可能性》，商务印书馆2013年版，第336页

⑧于坚《还乡的可能性》，商务印书馆2013年版，第253页

四、雷武铃诗歌的情本体

在雷武铃那里，帕斯勾画的先锋诗歌末路或加塞特所谓的“艺术的去人性化”可以被称之为“当代冷漠美学”即“艺术以加倍的极端与混乱来回应”这个世界的“极端与混乱”，而雷武铃认为“这种反抗是绝望和虚无的，没有自身根本性的内容与力量”，他的诗歌则“贯注于个人内心的情感根源，贯注于民族文化，它的地域、传统、人们，它的个人隐秘而弱小的成长史”①。他曾提及诗歌中的四种声音，分别是神对人说、人对神说、人对自己说和人对他人说。“我自己因为不能确信神意，也不能假装这世上只有我个人单独存在，也无法没人聆听而说话，因此我常常需要、在生活中也具体、真实地寻找和感觉到一个能让我说话、让我写诗的你，一个和我共在的、我信任的、思念的、亲密的友爱者。”②他需要一个现实的情境释放他的深情。在他看来，除了陶渊明、杜甫注重人世生活“醇厚人情的诗”，信佛的王维、崇道的李白还有隐士孟浩然的诗歌同样充满友谊和人情的温暖。这种情感不是全然的情绪甚至欲望宣泄，而是把握了度之后向着美演进的、有着自身情理结构的情感，是和一个诗人的人格联系在一起的。在雷武铃最关心的世界、语言和自我三个层面的真实中——“世界的真实，涉及客观逻辑（观看的角度、方式）也涉及观看者感受者意识反应的方式和过程”，“语言中的真实”则“由言说者与倾听者之间关系来决定”——他谈得最多的“自我”其实就是人格问题：“作为诗人，你需要在无限的怀疑和否定之中，在无限的后退中找到笛卡尔那个最后的支点，做出肯定性的或者说实际性的选择。你要做出选择，在你的诗中，为自己选择一个声音，自我的声音，自我。”③“元反讽”最大的无能是将人性贬低为一架语言机器，在虚无主义的泥沼里放弃为自己选择一个最后的支点。谁肯艰难际，豁达露心肝！“这种对自我真实的追问（当然总是与语言相伴），这种自觉的自省，类似儒家传统中人格的自我塑造，当然儒家对其理想人格有预先的共同的明

①雷武铃《赞颂》，广西人民出版社2015年版，第66-67页

②雷武铃《赞颂》，广西人民出版社2015年版，第122页

③雷武铃《赞颂》，广西人民出版社2015年版，第192-193页

确界定，在诗歌中这种理想人格需要诗人自己从头设定。”[①] 从人类学历史本体论尺度下的情本体诗学出发，中国文化进行转化的资源仍需以儒家尤其为主（其“内圣”的层面更加重视端正情感的培养），我们当然可以把雷武铃放到儒学四期里谈论，虽然这一点也可能会引起他本人的反对。他是性情中人，曾在自己的老家湖南耒阳与他的学生吴小龙（也是广西人民出版社大雅诗丛的主要编辑）辩论“新儒家”，并认为儒家等级观念强，而当下的观念都应放到自由、平等的框架中去考量。综合上面他对情感和人格的看重，我们又看到他其实异常符合李泽厚对“现代社会性道德”和“宗教性道德”的区分，“当代诗的写作如果不具有观念性，不具有批判性，就没有什么价值。它必须参与到当代精神的共同的建设之中”，同时，他“相信并愿意以情感联结我们的整个世界，相信这种联系仍然是我们与世界最可信、最有价值的部分”，这就跟帕斯单纯的“批判的激情”区分开来，因为它瞩目的是一个恰如其分的情理结构，是可以把诗歌和生活连为一体的由度而美，从这个角度讲，“写诗就是自我修习”，“在诗缘情的人性温暖和诗言志的高远意志力与超越性之间”[②] 找到一条道路就成为修正欧美浪漫主义至先锋派诗歌和解生活的关键。

诗歌的核心是个人情感。在理性统治或强权统治两种不同冰冷命运里，个体的真实感和存在感恰恰就来自人的情感经验，“一个由管理者控制的世界，恰好需要个体诗人自由、真实的欲望来平衡”。在雷武铃，今日诗歌的意义就“在于它是一种个人说出真实的特殊方式，在于它维护个人存在的真实感”，“真实”是今日诗歌的“最高美学”，而“真实”的前提恰恰就在于能够在世界、语言和自我之间保持微妙和平衡的“分寸感”[③]，个体的情

①雷武铃《赞颂》，广西人民出版社2015年版，第193页。自我探索的细致差异当然存在，雷武铃是否可以走出不同于重视情本体之元典儒学大框架的另一条道路，我们也可以另文讨论。补充一句，于坚和萧开愚都把中国“文明的最高核准权”都交给了孔子。萧开愚《我看“新诗的传统”》（2004），载《此时此地》，河南大学出版社2008年版，第391页；于坚《分行》（2008），载《还乡的可能性》，商务印书馆2013年版，第122页

②雷武铃《赞颂》，广西人民出版社2015年版，第123页。需要强调的是雷武铃诗歌中的情理结构最终是以情感范导、联结整个世界。情感最主要的质素是“诚”，因此绝不同于列奥·施特劳斯站在少数精英立场（“哲人王”）对多数的欺骗和统治。雷武铃所欣赏的波兰诗人扎加耶夫斯基虽然接受施特劳斯“在雅典和耶路撒冷之间”的冲突（李以亮《抒情的沉思,沉思的抒情——关于扎加耶夫斯基和他的作品》，载《花城》2015年第3期），但与施特劳斯不同，他不是站在雅典和怀疑一边，而是以诗歌的方式更多站在耶路撒冷和赞美一边，并把“这种对上帝的寻求”完全视为“一个谨慎而私人的事情”。这样，诗歌成为他世俗的宗教，命运和自由在这里是同一的（亚当·扎加耶夫斯基、兰斯·拉尔森《诗歌生长于矛盾之上——扎加耶夫斯基访谈》，李以亮 译，《延河》2015年第3期）。

③雷武铃《赞颂》，广西人民出版社2015年版，第208-210页

感需要在具体情境中经过语言恰如其分地说出，这就是情本体诗学反复强调的“由度而美”。

“分寸感”的拿捏经常综合性地发生在社会性道德和宗教性道德之间。在个人不能控制的公共生活领域，诗人的无力感是明显的，比如《“像礼花在黑暗的空中绽放、落下……”》一诗，一边是“五个穿工商制服的年轻胖子对两个农妇和她们自行车驮着的葡萄与苹果行使捉拿”，一边是“一万多人和一些红色的旗帜被置于露天里吹风/高音喇叭发出金属般的号召和誓言”，此刻诗人抬头看着阴天——“墨绿色的槐树每片叶子都在抖动/整棵树都摇晃闪烁的紫叶李”——并“惊异于在我们经历的场景之间/不存在任何过渡”。只有在个人生活领域，诗人才能保证自己领略到的“美”之合法性，比如《远山》写一起为山的勃勃生机和宁静所沉醉的两个朋友，结尾“时间到了，我们平静地起身。/你的孩子刚做完心脏手术，必须赶回去给他换药”，个体的生活重负并未完全剥夺其对美的关注，而美使其个体责任更加蒙上人性的光辉。其他像《黄昏出门看雪》仍然遵循内心的诚实，并不掩饰自然救愈的有限性：“我”必须从自然中返回“室内”：“——呵，某些悲伤，让我难以，挣脱出来。”这里涉及到如何由理性主宰的道德通过自由的形式感的创造上升为美，就像《致友人》中所言及的：“你告诉我，你的遗憾和困惑：/美，怎样才能作为美/被人接受，而不被骂作神经病。”

“‘情本体’的基本范畴是‘珍惜’。”[①]整部《赞颂》都流溢着这种对一个世界的浓厚情感，《2009年5月13日上午，平安》《晨曦》《旅途》中尤其明确。这是儒家“知空而执有”的性格在雷武铃诗歌里的显示，《远山》从反面道出这一性格：

> 我感到周围空间里空气的流动，草木缤纷的反光
> 我身所在的，这色彩丰富、生机勃勃的辽阔的宁静。
> 它们是真实、宏大的。对短暂、激荡而易于疲惫的生命
> 它们恒久，平静，始终如一的饱满精神，是长存的抚慰。
> 人生之苦无法根除，岁月教会了我无视它们
> 并尽力感受世间的美。

《夏夜——给巨文》将“生命的爱与望”比作“一团被黑暗包裹的光，在浩瀚的边际，极速向前”；《静物：一个冬日的下午——给大勇》则鼓

① 李泽厚《华夏美学·美学四讲》（增订版），生活·读书·新知三联书店2008年版，第426页

励朋友以“足够的耐心与持续、专注的探求”来面对“荒凉和空无”，如此，“也显出丰富和变化/发现的喜悦和安宁从心中流出/诞生了意义和一首诗”。儒家对“一个世界”的执着和对更高的超验世界的摒弃使自然和日常生活的神性成为可能：

茫茫湖面和深蓝色天空的空无间
大片的白云凝聚。我为何在此？这原初之美
我未感到神的触及。唯有白云，清楚又亲近
仿佛向它走去，就能融入那洁白明亮之光。

（《白云（三）》）

“要是能满足于眼前的明暗/我们就是古人，走在空旷的月光下”（《深秋夜与伟驰散步》），“柳树、槐树、杨树的枝条神秘地镂刻在天空/我一如既往找不到词，只觉得安神”（《又一年》）。不再借助于上帝或者“神力的语言”，也不再借助于任何“幽灵”或“踪迹”，一种超出语言的“理性的神秘”同样可以为生活提供一种美的安慰：“哦，神秘的美，我理解不了。哦，它只是存在（《白鹭》）”；“这是现实生活。我接受、但并不理解的/喧响世界，它的真实、唯一和专制（《长沙》）”。自然和日常生活本身不可理解的神秘是儒家个体人格选择的最后依附，因这种超出理性理解的深情和专注又反过来为我们带来感知上的恢复，理智和情感就这样处在相互的激荡和砥砺之中形成一定比例的情感结构：

神秘的鸟声！震荡我的心魄，从黑暗的虚无中把我解救出来！
我的感知恢复，在事实的神奇中（《长沙》）

天空在变，时令在变，整个世界
如宏伟的舰队行进在更明亮的宇宙。
心也如此。强烈的情感带来的
感知在成长。阳光和空气
澄清、凝聚，在酿就最高的香甜。（《夏秋之际》）

它崭新、触目的凌乱让我痛感没人爱它
——当时我正领会是深刻的爱改变世界的面貌
……

饱满之爱使我们的感知完全醒来
如表盘上的秒针，清晰地领会到每一刻。
啊，芬芳的时间，广阔世界深处的我们！（《街边花园》）

本文把雷武铃的诗歌同时放到“先锋”和“儒家”的谱系中来讨论，暗示了笔者以儒家传统重建中国先锋诗歌的愿望。这要求我们梳理中西文化语境中“先锋”诗歌的不同属性和发展脉络，而诗歌与生活、自由与命运正是两种“先锋”的共同关注。鉴于欧美世界正在走出现代，而我们中国走进现代的路程并未结束，也鉴于欧美文化中本体和现象、彼岸和此岸两个世界的文化心理结构正在趋于淡化或减弱，从而更加适应全球化时代不同文明之间吁求“永久和平”的“重叠共识”中，我对从儒家一个世界的角度重新建立诗歌的“先锋”属性抱有谨慎的希望态度。作为“情本体”的“先锋”不应是今天很多诗人对某种语言、身体或心灵极端性的强调，恰恰相反，“先锋”是在世界、语言和自我之间保持微妙平衡的“由度而美”，是理性的批判和情感的联结之恰如其分的情理结构，它承认人生中的偶然、神秘和不确定性等理性不能掌控的部分，这也是人的自由可以自由运用“度”的形式感的地方，是中国先锋诗歌走出“语言—知识—权力”命运牢笼的“无本体”特征。“无本体”正是自己选择自己的人格、树立自身的命运。无论东西，最后的诗学意义可能就是“诗歌和自由高于秩序和语言”[①]。最后，我们以雷武铃《论思念》收尾：

后来，电话挂断，话语说完
它却在心里更加强烈、更汹涌。
我知道了它不仅仅是语言。
它在语言之前、之后和之上，
它在更广阔的无言中。

① “Your enemy is also human”: Octavio Paz on the Spanish civil war, making peace with Pablo Neruda, and the mystery of freedom. Interviewed by Alfred Mac Adam.The Paris Review No. 119 Summer 1991.http://www.theparisreview.org/interviews/2192/the-art-of-poetry-no-42-octavio-paz

它是一种不熄的生命热情
和能量放射之指向，
一种无时不在的陪伴感（并非专门陪伴
就像家里有个亲人在，可以安心
做自己的事，在夜里不受孤单和害怕的侵扰）
是持续地感知另一存在，感知
你和我在同一世界上互相映照的共在。

游离：水墨雕塑系列002　53cmx38cm　2015

译介 Translation

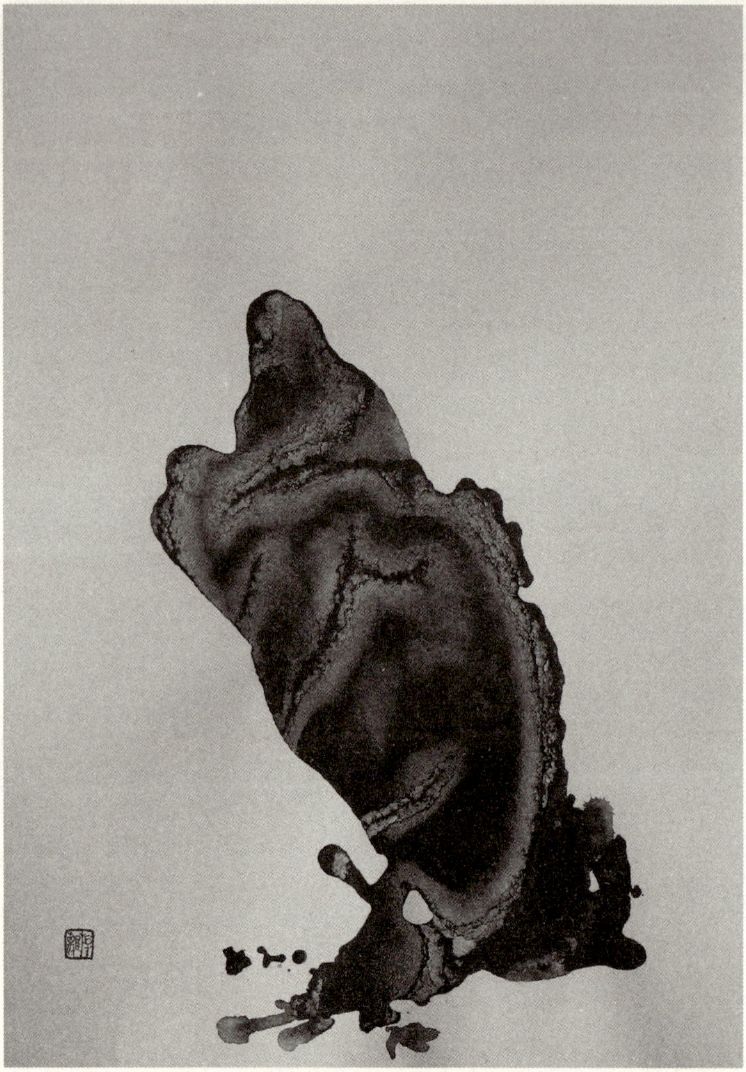

游离：水墨雕塑系列013　53cmx38cm　2015

拉金诗选（12首）

阿 九 译

“把一块砖叠上另一块”

把一块砖叠上另一块，
再码上第三块，第四块，
不留一点时间去想
你做的有何价值。

而坐在一堆砖头中间，
听天风呼啸，
再来权衡你该做或能做什么，
心中便疑云尽散。

成熟

是一种静定感……正如我想
我会有的，直到我孤单的身体变得
　　　　不再精确，充满倦意；
那时，我会开始感到一种向后的拉力
占据上风，它讨厌而又专横——
　　　　有人说，他向往那样。

而这一定就是盛年……我闭了闭眼，
像是有点痛；痛就痛在要去想
　　　　这出哑剧里
相互抵消的作用力与反作用力，
失败与伪装，其实构成了我
　　　　最有才华的时光。

北行船之14．幼儿园的童话

我记住的只有
那个骑手、月光点亮的栅栏，
那蹄声在庭院里突然中止，
那只手发现门未上锁：
我还记得，他被领进的那间房舍，
黑洞洞的，点着烛火；一顿
饭食摆在那里做做样子；因为
虽然他的座席已经安排好，桌上除了
一只素铅盘什么也没有，里面装的
是一只死乌鸦的腐尸。

就这样，我的每一段旅程都
带着我，正如故事里的他，被带进
一个新的埋伏，某种新的错误：
就这样，我开启的每一个旅程都预表了
天明时的困倦，弥漫着
腐尸般的亲吻，腐尸般的告别。

北行船之32

她正梳头的时候，我在等着早餐，
我朝饭店楼下空荡的大院看去，
那曾是四轮马车停靠的地方。地上的卵石虽湿，
却未向沉重的天空送回一缕光线，

它与低垂到屋顶的雾一起沉到了地面。
疏水管和火灾逃生甬道向上爬去，
爬过仍在点着电灯的房间：
我曾想：这毫无特点的早晨，乏善可陈的夜晚。

但这纯属误判：因为石头在沉睡，而雾霭
赦罪一样漫过它所触摸的一切，
但又悬在那里，像一口屏住的呼吸；灯火长明，
如点点未受打扰的兴奋；玻璃之外，
白日这无色的小瓶无痛地把我的世界
向后泼洒了一年，我早已失丧的世界
像一只正在吃草的小鹿，再次从我的小路边迷失，
把守着心扉最弱的门闩。我转过身，吻了她，
全然出于快乐，轻轻一下就碰翻了爱的天平。

但是，这温柔的造访，
青涩如一只小鹿或未经开垦的土地，
你会如何拥有我？朝着你的恩典，
我的种种诺言相会，纠结，像众水竞流，
但只要你来选择。你会嫉妒她吗？
你会不会拒绝到来，直到我把她
可怕地远拒，自命不凡地活着，
一半是病夫，一半是赤子，一半是圣人？

“我们看见春天撞破巨石”

我们看见春天撞破巨石，
　　停下来向天空致意；
但我们保证过要独自工作，
　　效忠、弯腰，而不是问个究竟。

夏天在鱼塘上闪着微光。
　　我们注意到，但没有止步在
一群浮游的云雾前，
　　而是硬着头皮穿了过去。

秋天是一个慢镜头；
　　　　我们采集收获并向崇高的暮色感恩。
虽因谷粒而喜乐，我们
　　　　也明白还有糠秕。

而冬天如尸布包裹了我们。
　　　　不管我们透过窗口能否再次
看到春天，我们肯定能听见雨
　　　　在隐约地诵着古老的连祷。

“诗的问题”

诗的问题，当然
很难：有人说，诗人应该与
身边的人打成一片，成为一种社会力量；
也有人说，他就该善良；
还有人说，他应该是共产党；
也许是个学者，甚至开着小货车；
或让人一直吻着度过清醒的时光；
或者以上全选，做一个完人。

而我个人以为，诗不过是
自我抗议着世界的蔑视，
正常的诗人并不存在，真的。
所以亲爱的，比如说今夜，他就该动起来，
以消耗的运动和爱的行为，
活出诗的样子；直到精尽力竭。

一颗梅子的祷告

我是一颗熟透的梅子，长在阳光的墙头；
请千万不要摇晃，免得我会坠落。

因这美妙的夏季，在我们的记忆里，
已刚刚燎过，从四月延烧到九月；

而现在它已近尾声：却依然有乐音
在夜晚飘出高高的法式窗台，

当每一枝垂死的玫瑰出席，而我们
斜倚在历史上最富丽的墙上。

紫色的落日小声说道：你们已犯了罪。
但求你的应允，直到我们丢下一阵柔风：

纵然冰霜的大乱将临，
求你保守每一颗红亮的梅子免于秋风：

而当冬天折断了天地，
求你让我们落下，在宁静里安息。

割草机

割草机不转了，两次了；我蹲下来，
发现一只刺猬卡住了刀片，
死了。它一直就在这片深草里。

我以前见过它，甚至喂过它，一次。
这下我无可补救地重创了它不起眼的
小世界。埋了它也没用：

下一天早晨，我起床了，它没有。
死亡发生后的第一天，那新的缺席
从来都是这样；我们真该小心

招呼彼此，我们应该善良一点，
趁着还有时间。

怎样睡觉

子宫里的孩子，
或者坟墓里的圣人——
我该用哪一种方式躺下
然后入睡？
热心的月亮
从天空的后方注目观看，
云彩早已回家，
像一群羊被人赶着。

时间明亮的水滴，
一两枚钟声，
我翻身，直挺挺地躺着，
双手交叠；
修道院里的孩子，教皇，
都选择这种供人瞻仰的姿态，
他们的心被抹平
像海平面上的沙粒。

我的想法是：
能撑多久就多久，就是不睡，
直到我再次像一个胎儿
朝一侧蜷伏——
因为睡眠正如死亡，
必须不带一丝骄傲地赢来，
带着大自然的首肯，
少了一点牵挂，
失去一点身高。

最好的社会

我小的时候，曾经
偶然想过，从来都不需要

去寻找孤独。
那是每个人都曾拥有的东西，
如同赤裸，就那么寻常，
既不特别对，又不特别错，
只是一种充斥眼前的明摆着的事，
一点也不难理解。

到了二十岁以后，它立刻
变得更难得，因而
也更被渴望——虽然同时也
更加不想要它；你为什么
孤独，要说清楚
其中的事实，就必须
言及他人，否则那就是
一种心理补偿式的虚构。

还是待在一起更好！
要爱，你就必须有另一个人，
给予需要一个获赠者，
好邻居需要整个教区的
乡亲一起来做——简言之，
我们所有的美德都是社会性的；假如
不给你孤独，你就发怒，
那你肯定不是有德性的那种。

于是，我恶意地把门锁上。
燃气吐着火舌。外面的风
招来了夜雨。又一次，
没有对手的孤独
将我托在它巨大的掌心里；
像一朵海葵，
或一只单纯的蜗牛，小心翼翼地
打开，探出身体，那就是我。

风　景

五十岁的风景看着挺美
　　　　登高的过来人如是说；
所以，虽然超重而猥琐，
　　　　我也转身去面对
把我带到这一天的路。

没有看到原野和积雪的山顶、
　　　　和曲折的繁花小径，
山路在我的鞋尖前中断，
　　　　陡降在迷雾里。
　　　　而那道风景并不存在。

它去了哪里，我这一辈子？
　　　　搜寻我。留下的只有忧郁。
无子又无妻，我
　　　　得以看个明白：
　　　　盖棺定论。且如此临近。

“水手们带回了异国的奇闻”

水手们带回了异国的奇闻，
令教授们激动不已，他们又对
自己的子孙转述那个传奇，直到他们
对每个细节稔熟于心：落日的黄金
如何在大海中分开道路
为远行者指路；那镇守海湾的
孤独的棕榈应许着
软沙上的狂喜，那里足下无忧……

是的，所有的海图都欺骗了他们：那些
在穷困之海上扬起不幸之帆的人们

在探险中，沉没于一场灾难的风暴：
他们的船在恐惧的礁石上撞得粉碎，
只有一道道狂涛来回洗劫着
那一代人的残骸。

致谢：
河南大学出版社已引进中文简体版权。特此申明并致谢！

拉金在别处

阿　九/文

今年12月2日将是英格兰诗人菲利普·拉金（Philip A. Larkin，1922-1985）去世30周年。无可否认，拉金是英国20世纪主要诗人之一，虽然对他的评估大不相同。德里克·沃尔科特认为他是一个大师，但谢默斯·希尼则批评他过于阴郁。更有人将他打上其他非文学的标签。

拉金生长在一个带有暴力色彩的父权家庭。他从小就结巴，直到30多岁，买火车票还要靠递上写好的纸条来完成。这个外在的语言发育障碍却使他对文字的表达特别敏感，并在16岁时开始严肃地写诗。拉金生前共发表了4部诗集，分别是《北行船》（1945）、《受骗较少者》（1955）、《灵降节婚礼》（1964）和《高窗》（1974）。33岁时出版的《受骗较少者》使他迅速成为英国战后诗坛的新锐力量，而《灵降节婚礼》则奠定了他在20世纪英语诗歌的地位。此后，他的写作手感渐冷，但在本职工作，即图书馆管理方面，却颇有建树。

拉金的早期文学影响主要来自叶芝，直接原因是诗人维农·瓦特金斯1943年的宣道。这种影响在《北行船》中对叶芝的模仿中可以看出，而叶芝语言的音乐性给他的影响则是终身的。拉金在1946年的晨读里开始对哈代着迷。他特别提到哈代的《得知菲娜死了而想起她》令他一改对哈代阴郁风格的刻板看法。多年以后，瓦特金斯的另一句话也让他印象深刻，后者提到“狄兰·托马斯推崇哈代甚于20世纪的人和诗人”，而艾略特、奥登、狄兰·托马斯和贝杰曼是大学时代的拉金最喜欢的几位英语诗人。拉金在诗歌中发现自己的声音大约是在1948年，之后是长达20多年的创作高峰期。窥测拉金所受的文学影响的最佳途径也许是阅读他1973年主编的《牛津20世纪英语诗选》，该书收录了他最喜欢的诗人的作品，其中收入最多的是哈代，有27首，其他人则不超过10首。更有趣的是，一些研究者发现，拉金本人的作品中的很多语句都能在这本诗选中找到语源。

拉金的平民化和反崇高倾向在成熟期越来越明显。阿瓦雷兹曾批评拉金诗歌主题的“平庸”，而另一些人则认为他超越平庸并使所谓“运动派”文学免于平庸。论及平庸，他本人在1981年说过：“我不想超越平庸，我喜欢平庸，我过着非常平庸的生活。日常小事对我而言都是可爱的。”

批评家库柏认为，拉金是一位颠覆性的作家。他所颠覆的是1910年中后期开始的现代主义，而回归以哈代为代表的英国诗歌传统。那种寓于日常语言的精确使他与欧美现代派都划清界限。然而，布斯和斯威特则强调拉金诗歌的后现代主义和解构主义特征。可以说，拉金重新解释了英国气质（Englishness），而这种努力在他死后20多年被更多地接受，也是从大众阶层向学术界扩散的。部分的原因也许是，自拉金、休斯和希尼之后，英国诗歌显在的平庸和分化。

爱情诗也是拉金诗歌的重要组成部分。文本内外的证据表明，拉金的私生活远非他的某些诗中暗示的那么枯燥，甚至相当孟浪。步入知天命的年龄后，他曾同时和三位女性保持亲密关系，想必其中的运筹学问题令他颇费心思。他是戴着一个人格面具（persona）写作的。这个人格面具是一个疏离的、陌生化的自我，与他本人的生活和写作互为“别处”、“他者”和“异乡人”。

国内对拉金的译介始于1980年代，早期解读以周钰良和王佐良为代表。进入21世纪后，对拉金的翻译和研究开始扩大和深入。然而，支撑研究的几项基本要素，包括全面展示拉金诗歌的严谨精确的底本、拉金研究著作和涉及其私人生活的参考材料，都尚未得到解决。因此，直到最近几年，对拉金研究大体上是介绍性的和二手的。翻译拉金的严肃努力主要来自英语文学研究专业和诗歌界，而这两部分人的专业背景和个人兴趣都相去甚远。因此，30年来虽然出现了不少精彩的单首诗的中译，但总体而言，这些翻译的范围、取舍和质量都曾受到质疑。这些问题与拉金本人的复杂性一样，必然影响着读者对拉金的认知。

在相当长的一段时间内，拉金诗歌的主要底本之一是1988年由安东尼•斯威特编的《菲利普•拉金诗选》。该书在2003年有一个新版，更正了1988年版的一些散见的错误。2012年，亚琪•伯内特编著的《菲利普•拉金诗全集》的出版标志着一个全新底本的出现。这个版本收入了拉金写作的全部诗歌文本，包括少时的涂鸦之作和无意发表的私密作品。

笔者有幸与购得中文版翻译版权的河南大学出版社合作，翻译《拉金诗全集》。全集有325页正文和近400页注释。该书的翻译将是国内迄今对拉金诗歌的最全面的翻译努力。然而，这项工作将不会终结围绕其诗其人的争论，并且很有可能为这些争议提供更多的素材。就我个人而言，通过对其全部诗歌文本和一些研究书籍进行集中阅读，把握拉金诗歌的演进，继而为读者提供一个可信的译本，是我唯一的心愿。

拉金比我们想象的更加复杂和多彩。这里选载的，仅仅是拉金作品的一个不具统计意义的小样本。真正的拉金不仅在他的全部诗歌文本里，也在这些文本之外。

图书在版编目（CIP）数据

诗建设. 19 / 泉子 主编. -- 北京 : 作家出版社，2015. 10
ISBN 978-7-5063-8416-2

Ⅰ. ①诗… Ⅱ. ①泉… Ⅲ. ①诗集 - 中国 - 当代 Ⅳ. ①I227

中国版本图书馆CIP数据核字（2015）第246997号

诗建设. 19

主　　编： 泉　子
副 主 编： 江　离　胡　人　飞　廉
责任编辑： 贺　平　江小燕
美术编辑： 曹全弘
封面设计： 张甜甜　天可人
装帧设计： 张忠明
出版发行： 作家出版社
社　　址： 北京农展馆南里10号　　**邮　　编：** 100125
电话传真： 86-10-65930756（出版发行部）
86-10-65004079（总编室）
86-10-65015116（邮购部）
E-mail:zuojia@zuojia.net.cn
http://www.haozuojia.com（作家在线）
印　　刷： 三河市紫恒印装有限公司
成品尺寸： 170 × 240
字　　数： 280千
印　　张： 18.75
版　　次： 2015年10月第1版
印　　次： 2015年10月第1次印刷
ISBN 978-7-5063-8416-2
定　　价： 29. 00元